마성의 여우 1%
사랑의 기술

실전연애: 사랑을 완성하는 남녀관계의 법칙

마성의 여우 1% 사랑의 기술

초판 1쇄 인쇄일 2021년 3월 24일
초판 1쇄 발행일 2021년 3월 31일

지은이 아르테미스
펴낸이 양옥매
교 정 허우주

펴낸곳 위시앤
출판등록 제2019-000116
주소 서울특별시 마포구 방울내로 79 이노빌딩 302호
대표전화 02.372.1537 **팩스** 02.372.1538
이메일 booknamu2007@naver.com
홈페이지 www.booknamu.com
ISBN 979-11-966956-1-3(03180)

마성의 여우 1%

사랑의 기술

아르테미스 지음

위시앤

사람은 무엇을 위해 살아가는 것일까? 사람은 왜 태어났으며 왜 사는 것일까? 그 답을 찾으려고 오랜 세월 고뇌했지만 이제야 깨닫게 되었다. 사람은 사랑 때문에 태어났고, 사랑을 하기 위해서, 사랑 때문에 살아간다.

이 태고의 물음은 종교와 과학의 근본에 있는, 우리는 어디서 왔으며 우리는 누구인가 하는 의문에 기초하기도 한다. 그 뿌리가 무엇이든 인간은 서로 사랑하고 살아간다.

인류의 모든 역사는 사랑 때문이다. 부모님을 사랑하기에, 애인을 사랑하기에, 자식을 사랑하기에, 동료나 조직 또는 돈과 권력을 사랑하기에 역사가 첫발을 뗀다. 처음부터 세상을 바꾸고 역사를 만들겠다는 대단한 정의감에 불타서 시작한 사람은 없다.

작은 사랑의 감정에서 시작된 사소한 말과 행동이 나비효과로 거대한 태풍이 된다. 인류의 모든 역사는 그 결과물이라고 할 것이다.

모든 사람은 처음부터 사랑에 의해 자라고 사랑에 의해 말하고 행동하고 사랑에 의해 시작과 끝을 맞이한다. 사랑은 인류를 움직일 수 있는 유일한 감정, 동물의 본능적 종족 번식에 의거한 행동이 아니라 더 복잡한 감정의 결과물이다.

사랑은 한 개인의 인생과 인류 역사의 결과물 그 자체이며 사랑은 시작과 끝이다. 그중에서도 가장 강력한 남녀의 사랑은 모든 것을 불사르고 모든 것을 극복하는 힘의 원천이다.

내게 산을 옮길 만한 권세가 있고 바다를 마르게 할 힘이 있다 할지라도 사랑이 없다면 무슨 소용이 있으리요, 내가 천상의 비밀을 알고 죽은 자를 다시 살리는 능력이 있다 하여도 사랑이 없다면 아무것도 아닌 것이다.

2021년 3월
아르테미스

차 례

1부

진화심리학으로 본
이성의 본심리

남자를 유혹하는
연애의 기술

항상 마음의 여유를 가지자.

여자가 남자를 볼 때도 그러하듯 남자도 여자를 볼 때 늘 조급하고 실수하고 말썽이 생기는 사람보다는 항상 여유로운 느낌과 분위기가 가득한 사람이 더 호감이 가고 매력이 있어 보인다. 여자가 남자를 볼 때 그러하듯 남자도 여자를 볼 때 마찬가지다. 여유가 있어야 한다고 해서 영감님처럼 느릿느릿하게 행동하라는 것도 천하 태평하라는 것도 아니다. 말 그대로 활기차고 여유 있는 느낌을 말한다. 여유로운 미소와 말과 행동은 상대방도 편안하게 하고 기분 좋게 하는 것이니 누구나 말을 쉽게 걸고 친해질 수 있다. 말을 쉽게 걸 수 있고 쉽게 접근할 수 있는 사람은 누구에게나 인기가 있기 마련이다.

많이 만나서 대화를 나누다 보면 눈에 익숙하고 자주 보게 되는 사람이 더 정이 들게 되어 있는데 이것은 물론 여자에게 더 효과적이지만 남자에게도 분명히 효과가 있다. 진화심리학에서는 우월한 유전자를 어떻게 증명하고 가려내는지에 대해 여자는 남자의 자신감을 그 기준으로 삼는다고 했다.

사회적 지위가 높거나 권력가는 여유와 유머가 넘치고 그것은 자신감과 결부되기 때문이다. 그래서 여자들은 대부분 자신감 넘치는 유머러스한 남자에게 더 흥미를 느끼게 되었다. 우리가 자신감이 넘치고 유머 있고 잘생긴 이성에게 끌리는 그 기준은 어디서 왔을까? 그 기준은 누군가가 정해 준 것이 아니라 아주 오래전부터 선대에게 물려받은 유전자가 그 기준을 제시하고 판별해 주는 것이다.

그것을 우리는 본능 또는 매혹이라고 부른다. 무엇에 우리가 본능적으로 매혹당하는가? 무엇이 우리를 첫눈에 반하게 하는가? 그것은 누군가가 가르쳐 준 것도 아니고 그 기준을 제시해 준 것도 아니다. 우리 몸의 유전자가 가르쳐 주는 것이다.

실제로 여러 남자의 땀 냄새가 나는 셔츠 샘플을 여자들에게 무작위로 나누어 주고 가장 좋아하는 냄새를 고르라고 했을 때 여자들은 한 명이 아닌 제각기의 남자 셔츠들의 샘플을 선택했다. 그 남녀의 유전자 샘플을 검사해보니 서로의 질병에 반대되는 방어막을 가진 유전자, 즉 내가 가지고 있지 않은 질병의 방어 유전자를 가지고 있는 이성을 선택했다는 것이다.

이것은 우리가 좋은 남자의 땀 냄새를 고르라는 기준과 교육을 받지 않았음에도 이 사람이 좋을 것이라는 본능에서 나온 행동이다. 그 본능은 유전자에서 나온다고 또한 이야기한다.

접근이 용이한
역세권 같은 사람

만인의 연인이라는 말이 있다. 앞에서 설명했듯이 접근하기 쉽고 여유가 있는 사람은 남녀 모두 편하게 말도 걸 수 있고 같이 사무실이나 공간을 활용하기도 쉽다.

물론 이성적 매력이 뛰어나면 그 사람의 성향이 어떠하든 불편의 문제가 아니라 설렘으로 바뀔 것이지만 모든 남녀가 근본적으로 뛰어난 비주얼의 미인이 아니기 때문에 누군가가 먼저 첫눈에 반해서 이성적으로 접근하거나 고백하는 일은 별로 없을 것이다. 가장 먼저 중요한 것은 서로 대화할 수 있고, 같이 있을 때 편안한 분위기다.

접촉이 많아지면 당연히 정이 들게 되어 있고 정이 들면 호감이 생기고 호감이 생기면 당연히 좋아지는 것은 유혹의 기술에서 정해진 수순이다. 물론 남자와 다르게 여자라면 이런 반문을 할 것이다. '여자가 쉬워 보이면 되나요? 저는 그러고 싶지도 않고 싫어하거나 불쾌한 남자, 불필요한 여러 남자랑 말 섞고 싶지 않아요.' 하고 말이다.

　이런 심정을 충분히 이해하고 공감하지만 필자가 해 줄 수 있는 말은 뜻하지 않게 불필요한 남자나 싫어하는 남자에게서 귀찮은 이성적 접근을 받게 된다 하여도 궁극적인 면에서 혹은 필요하다면 넘어야 할 산이라는 것이다. 이것은 실제로 사회생활에서도 약간은 필요한 기술이며 특히 남자가 끊이지 않고 연애를 하는 여자들을 보면 늘 주변에 있는 남자들과 쉽게 소통하고 쉽게 친해진다는 것을 알게 될 것이다.

　스나이퍼 같은 연애 방식으로 좋아하는 사람에게만 잘 보이는 것은 장단점이 있다. 만약 입장을 바꾸어서 어떤 남자가 모든 여자를 무시하고 좋아하는 당신 친구에게 잘해준다면 어떤 기분이 들까?

　이론적으로만 이야기한다면 대부분의 여자들은 너무 매력 있어요, 멋져요, 모든 여자에게 잘해주는 남자는 싫어요, 나에게만 그 다정함을 보여주는 남자가 좋아요 하고 말하지만 실전에서는 그런 남자의 평가를 절하한다.

　당신의 예쁜 친구 한 사람에게만 잘해주는 남자에게 당신은 대부분 시기, 질투, 분노 등 기본적으로 기분이 상한다. 나를 포함한 내 친구들 여럿에게 잘해주고 좋은 인상을 심어주는 남자에게 아마도 친구를 더 잘 소개시켜 줄 것이고 경쟁자가 있다면 좋은 이미지나 친분이 있는 남자를 더 밀어줄 것이다.

　이와 같이 남자들이 나에게 차가운 반응을 보이면서 나의 예쁜 친구에게만 잘해준다면 일단은 친구의 사랑을 응원하기보다는 기분이 상할 수 있을 것이고 내 친구를 알게 된 이후부터 나에게 잘해주는 것도 왠지 진심이 아닌 것 같아 와 닿지 않을 것이다.

물론 사회적으로 보이는 모든 말과 행동이 예의상 하는 것이지만 뻔히 보이는 속내와 최소한의 포커페이스를 하는 사람에게 상대방이 느끼는 감정은 180도 다를 것이다.

정리하면, 기본적으로 약간은 귀찮거나 싫어도 모든 남자들에게 좋은 이미지를 심어주고 남자들과 대화를 할 때 편안한 분위기를 느끼도록 상냥하고 친절한 태도를 보여야, 좋아하고 있는 이성도 당신의 말과 태도를 보면서 용기를 낼 수 있다.

남자도 좋아하면서
튕기는 심리가 있을까?

이런 질문을 많이 받으면 사실 생각이 많아진다. 왜냐하면 사람마다 상황마다 다르기 때문이다. 1차적으로 생각했을 때 좋아하지는 않지만 멋진 남자가 여자에게 말을 건다면 화를 내는 여자는 없다. 이와 같이 남자도 멋진 여자가 말을 걸었을 때 화를 내는 사람은 없지만 부끄러워한다. 남자도 여자 앞에서 부끄러움을 느끼는 경우가 여자가 생각하는 것 이상으로 많으며 그 수위가 높다. 더 중요한 것은 좋아하거나 예쁜 여자를 보면 피하는 남자도 상당히 많다는 것이다.

물론 이와 반대로 적극적으로 행동하는 남자도 상당히 많다. 여자가 보았을 때 적극적으로 말하고 행동하는 남자가 자신감 넘치고 더 호감을 느끼기 쉬울 수도 있겠지만 이런 남자는 세 가지 유형이 있다.

첫 번째, 원래 성격이 적극적이고 그 여자를 진심으로 좋아해서이다. 두 번째, 바람둥이이거나 나쁜 남자일 가능성이 높다. 세 번째, 전문적으로 유혹과 연애의 기술에 대해서 교육받은 사람이다.

세 번째는 거의 없다고 보면 되고 일반적으로는 첫 번째이거나 두 번째일 가능성이 높다. 첫 번째는 서툴고 거칠고 실수나 오해를 살 수도 있고 여자가 오해 또는 화를 내게 만들 수도 있다. 일반적인 남자 기준에서는 말이다. 늘 말했지만 남자는 여자의 기준이나 취향을 일일이 배우지 않으면 모른다. 두 번째는 세련되고 위트가 있으며 여자의 마음을 심쿵하게 하는 남자인데 내가 나쁜남자를 싫어해서가 아니라 연애의 기술로 보았을 때 이 여자를 유혹할 수 있는 남자는 저 여자도 같은 방법으로 유혹할 수 있다는 뜻에서 하는 말이다.

일반적으로 남자는 좋아하거나 예쁜 여자를 보게 된다면 부끄러워서 피하거나 눈을 잘 못 마주친다. 이것이 팩트이자 정설이다. 즉 튕긴다는 표현보다는 부끄러워서 그 순간을 피하고 지나고 나면 후회하고 이것을 계속 반복하게 된다. 서로가 또는 혼사 시킬 때까지 말이다.

그리고는 어느 노래 가사처럼 그녀에게 애인이 생겼다는 말을 듣고 슬펐거나 참담했다 등의 결론이 나게 된다.

쉬워 보이는 여자
vs. 도도한 철벽 여자

(전체적 흐름과 취지를 이해해주시길 바랍니다)

극단적인 예시를 들어 둘 중 어느 여자의 컨셉트를 하는 것이 좋으냐고 물어본다면 차라리 쉬워 보이라고 말하고 싶다. 남자는 차라리 쉬워 보이는 여자에게 접근하지 거절당할 것 같은 도도한 여자에게 접근하지는 않는다.

물론 여기에 대해서 여자의 입장은 알고 있다. 나의 남자가 되려면 이만한 모험이나 도전을 감수할 수 있어야 하고, 나를 가질 만한 자격을 검증받아야 되고, 어느 정도 실력과 남자의 자질이 있고 등등 말이다. 그런데 남자는 여자를 두고 나의 여자가 될 만한지 검증을 하고 그녀를 좋아하지 않는다.

남자는 단순해서 여자 외모를 보고 좋아해요, 외모가 전부예요 하고 말할 수 있는 부분도 분명히 있겠지만 검증이라는 것은 서로를 알아가면서 하는 것이 더 좋은 것이지 도전자가 찾아오게끔 하는 것은 좋지 않을 수 있다.

도도하고 철벽을 치는 여자에게 접근하는 남자는 두 가지 부류 중 하나일 가능성이 높다. 연애의 고수이거나 정말 그 여자가 원하는 수준의 고급스러운 남자이거나 말이다. 보편적인 가능성으로 보았을 때 전자일 가능성이 최소 70% 이상이다.

정리를 해보면 남자들에게 잘 대해 주며 밝고 친절해 보이면 좋다는 취지인데 필자는 이런 컨셉트를 한번 거쳐보는 것도 추천한다는 것이다. 물론 자기 자신을 누구보다도 사랑하고 소중히 여겨야 한다. 특히 여자는 말이다.

자기 자신을 사랑하지 않고 소중히 여기지 않는 여자는 남자가 처음에는 잘해주다가 나중에 막 대할 가능성이 있다. 이런 분들은 대부분 심성이 착한 경향이 있는데, 사랑에도 자신보다 상대방을 더 소중히 여기고 위해 주는 경향이 있다. 늘 밀했듯이 이런 경우는 차라리 이기적인 여자보다 더 남자에게 상처받을 가능성이 높다. 먼저 자기 자신을 누구보다도 사랑하고 스스로 낮추어 여러 사람들이 편하게 대할 수 있는 여자가 되어보라는 것이다.

분명히 말하지만 앞서 또는 근본적으로 누구보다 자기 자신을 소중히 여기고 존중하고 사랑하는 사람이 된 후에 이런 컨셉트를 한번 해 보는 것을 추천한다. 이 코스를 지난 후에야 나는 한 명을 만나도 제대로 된 이성을 만나기 위해 어떤 여자가 되어야겠다, 또는 나는 여러 사람을 만나보고 깨치는 스타일이기 때문에 어떤 스타일을 갖추어야겠다 같은 깨달음을 얻게 될 것이다.

2부

연애공식
- 남자 사용 설명서

어떤 사람이지?
어떤 모습일까?

　가장 어리석은 것이 처음부터 서로에 대한 솔직한 모습이니 진솔한 모습이니 하면서 실체도 없는 어떤 진실을 요구하는 것이다. 어떤 한 가지 모습이 그 사람의 전부일 수 없듯이 어떤 특정한 모습, 예를 들어 '활발하다', '개성 있다', '과묵하다', '재미없다' 등 그런 것에 "나는 혹은 상대방은 어떤 스타일의 사람인가?"라고 단정하지도, 특정하지도 말라는 것이다.

　누군가를 만났을 때는 기쁘고 편안하고, 그래서 더 밝아지기도 하고, 또 다른 누군가를 만났을 때는 더 소극적이게 되고 점잖아지기도 하는 것은 당연한 것이다. 이것은 마치 회의실에서 혼자 농담을 하는 것이나 클럽에서 혼자 책을 읽는 것이 어색하다고 상식적으로 생각하는 것과 같은 이치이다. 이런 것들은 응당 이치에 맞지 않다고 생각하면서 누구를 만나는가에 따라서 내가 어떤 사람이 되거나 어떻게 변할 수 있다는 생각은 당연하다고 생각하지 않는 경향이 있다.

연애라는 것, 사랑이라는 것, 남녀 사이라는 것은 인위적으로 클럽에서 책을 읽는 것처럼 혼자 지적으로 보이려고 노력한다고 해서 되는 것이 아니다. 혼자 책을 본다고 해서 클럽에 있는 모든 사람들이 춤추고 술 마시는 것을 중단하고 나와 같이 앉아서 책을 보는 일은 없을 것이다.

상대방이 나에게 호감이 있으면, 우리가 잘 맞는다면, 인연이라면, 자연히 서로에게 끌리고 좋아지고 배려하게 될 것이다. 반면, 둘 중 한 명이라도 뜻이 다르다면 어느 한쪽이 아무리 노력해도 분위기는 바뀌지 않거나, 서로가 노력해도 부자연스럽고 어색한 분위기가 계속될 것이다.

종이에 아무것도 쓰지 말고 있는 그대로 상대방을 대면하고 상대한다면 조금씩 맞추어지는 부분도 있을 것이고 맞지 않는 부분도 있을 것이다. 남녀가 이루어질 사이라면 이런 것들도 상대를 이해하게 되고 호감으로 다가가게 된다는 것이다.

그가 여자에게
첫눈에 반했다면?

남자가 여자에게 첫눈에 반했다는 것을 알고 싶다면 단연 눈을 보아야 한다. 경력이 있는 노련한 선수들이라면 눈빛까지도 여자가 남자에게 가지는 호감도를 측정한다. 그리고 그것에서 조금 더 높은 호감 반응을 보이며 편안하게 친해지고 신뢰하게 만들 것이다.

그러나 대부분의 남자들은 공부나 회사업무, 인간관계 등 사회적 능력에 능숙한 사람이라 할지라도 이성을 만날 때에는 학습이나 숙련의 기간이 없기 때문에 첫눈에 반했다는 증거를 숨길 수가 없다. 숨기려고 노력할수록 그것이 오히려 역효과를 내어 티가 나게 되어 있다.

그중에서 가장 확실하고도 대부분의 남자들이 숨길 수 없는 것이 바로 눈빛이다. 좋아하는 여자, 예쁜 여자를 보는 순간 남자는 눈이 커지게 되어 있다. 눈 중에서도 동공이 확장되고 눈빛이 강해진다. 종합해 보면, 멀리서도 좋아하는 여자, 예쁜 여자를 보면 남자의 눈과 동공이 커지고 눈빛이 강해지게 되어 있다.

강력한 레이저를 쏘는 듯한 눈빛을 보낸다. 여기서 가장 주의할 점은 싫어하는 눈빛과 좋아하는 눈빛은 둘 다 강렬하다는 것이다. 그래서 얼핏 보기에는 나를 싫어해서 강하게 쳐다보고 강렬한 눈빛을 보내는지, 아니면 내가 좋아서 그러는지 구분하기 어려울 수도 있다.

보통은 좋아하는 여자, 예쁜 여자의 얼굴을 보고 그다음에 몸매를 훑어본다. 그러나 싫어한다면 그 여성의 얼굴을 보고 인상을 쓰며 몸매나 스타일 등 다른 것에 시선을 두지 않고 바로 회피해 버릴 것이다.

실수할까 봐 조심스러워?
— 남자 심리

가장 일반적으로 오해하는 것이 바로 이 부분이다. 상대가 말이 없거나 얼음처럼 굳어 있다면 혹은 말을 하거나 행동을 할 때 굉장히 조심스럽게 행동한다면, 이를 어떻게 받아들이고 이해해야 하는 것일까?

처음 만났을 때나 말을 걸었을 때 사랑이 잘 이루어지고 진정성 있게 관심을 보이는 여자들의 행동에서 공통점을 찾아보면, 남자가 리드하는 대로 대부분은 얌전히 따라 주었다는 사실이다. 남자가 말하거나 하는 행동에 어떤 반응도 보이지 않고 가만히 있거나 긍정적인 반응만을 보였다.

혹자들은 혹은 만화나 영화, 드라마 등 미디어에서는 시청자들을 위해 현실과 전혀 다른 반응과 액션을 보이곤 한다. 그것을 현실에서 그대로 믿고 적용한다면, 이성을 만나는 데에는 아주 큰 오해가 따를 것이다.

남녀 모두 진심으로 좋아한다면 상대방이 말을 걸거나 어떤 행동을 할 때 가만히 멍하니 보고만 있게 된다. 상대방 역시도 그에 반응하고 상대할 때, 말과 행동이 굉장히 조심스러워질 수밖에 없다. 상대와 마주한 그 순간이 너무 소중한 나머지 실수하거나 놓치고 싶지 않기 때문이다.

그의 어색하고 조심스러운 모습을 보게 된다면 너무 이상하고 어렵게 생각하지 마라! 상대가 당신을 좋아한다는 신호이자 좋은 반응이다. 좋아하는 사람 앞에서 당당한 태도, 여유와 미소로 응대하는 것은 마음의 준비를 하고 난 후거나, 친해지고 난 후의 주로 보이는 반응일 것이다. 처음부터 여유롭고 당당한 반응은 상대가 나보다 못하다고 생각거나 진심으로 좋아하지 않기 때문일 수도 있으나 중요한 것은 어색한 말과 행동에도 남녀 모두 눈빛만큼은 좋아하거나 싫어하는 감정을 속일 수 없다는 점을 기억하자!

지금 이 순간
vs. 그 다음 약속!

여자에게는 상관이 없을지 모르지만, 남자에게는 매우 중요한 핵심 개념이다. 여자에게 있어서 좋아하는 사람과 있을 때의 대부분 반응을 살펴보면, 그와 마주한 지금 이 순간이 가장 중요하다. 그와 함께하는 이 순간을 어떻게 로맨틱하고 좋은 그림을 만들지에 대해서 생각하고 또 집중한다. 그것이 여자 대부분의 반응이다.

남자의 반응은 사뭇 다르다. 지금 이 순간 그녀를 상대하면서도 앞으로 어떻게 사이를 더 좋게 만들지에 집중하다 보면, 지금 순간에 모든 것을 집중하기보다 자꾸 다음을 생각하고 기약하게 마련이다.

이런 남녀의 차이는 진화심리학에서 찾지 않으면 설명이 불가능하다. 진화심리학에 근거한다면 여자는 가족을 돌보고 이웃과 협력해 여러 가지 일들을 도모하다 보니 당연히 주변(가까운 곳)을 둘러보고 사람의 마음을 살피고 한 가지 물건과 현상에 의미를 두게 된다. 왜냐하면 그 한 가지 일로 인해 협력하는 이웃들이 달라질 수도 있기 때문이다. 지금 주변의 일들과 이웃과 협력하는 데 더 집중하게 되어 있고, 작은 일에도 의미를 담을 수밖에 없다.

반대로, 남자는 원시시대부터 외부 세력으로부터 가족과 집단을 지키고 사냥으로 가족을 부양해야 했다. 그래서 주변(먼 곳)을 보고 한 가지 물건과 현상을 깊게 보기보다는 멀리 보고 한 가지 물건과 현상에 대해서는 필요 유무 등의 실리적 사용 판단만 하게 되었다. 멀리 보는 습관, 그것은 오늘은 생존했으니 늘 그다음은 어떻게 사냥하고 전쟁을 이끌어 나갈까 하는 고민을 하게 되니 늘 생각이 그 다음은? 이라고 생각하거나 외부로 떠돌아다니게 된다.

지키기 위해 그 자리를 관리할 수밖에 없는 여자, 지키기 위해 사냥이나 정복 전쟁을 떠날 수밖에 없는 남자. 이것이 그런 습성을 만들어 낸 것이다. 그래서 여자는 지금 이 순간을, 남자는 그다음을 더 중요하게 생각하는 것이다.

이런 남녀의 본성과 습성을 이해하지 못하고 단순히 "남자는 이러하다", "여자는 이러하다"고 정의 내리는 것은 위험하다. 남자는 좋아하는 여자에게 늘 미래를 이야기하고 약속하려 한다. 반대로 여자는 좋아하는 남자와 지금 이 순간 오늘을 가장 중요하게 생각한다.

3부

잘못된 사회통념의
남녀공식 연애상식

왜 강약이 있어야 할까?
밀당과는 다르다!

앞에서 언급했던 밀고 당기기의 개념이 아니라, 너무나도 당연시되는 연애 관계에서 처음에는 여자가 당연 우위에 서게 된다. 그러나 점점 시간이 지날수록 남자가 우위에 서게 되는 현상이 발생하는데, 이럴 경우에는 한 번씩 초심으로 돌아가게 해야 한다.

고도의 심리술이나 어려운 기술이 아니라, 지금 당장 쓸 수 있고 남자에게 통하는 방법이 몇 가지 있는데 그중에서 가장 쉽고 효과적인 것이 바로 스킨십이다. 사실 남자는 여자도 나와의 사랑을 원한다는 것을 알게 되는 순간부터 매우 마음을 놓고 긴장감을 잃어버린다.

바로 앞 단원과 맥락이 이어지는 부분이기도 하다. 앞에서는 자기 업무와 자기계발에 집중하면서 남자에게 자신만의 본래 매력을 유지하는 것이 가장 중요하다고 했는데, 여기에서 한 단계 더 업그레이드시킨다면 당연한 스킨십도 항상 당연한 것은 아니라는 것이다.

물론 남자친구를 좋아하는 마음은 알지만, 남자친구를 테스트하거나 또는 요즘 남자친구가 나를 대하는 태도가 나태하다는 생각이 들 때마다 한 번씩 시도해 보는 것도 좋은 방법이다.

남자가 스킨십을 원하는 때에 원하는 장소에서 언제든지 응한다면, 좋다가도 흥미가 떨어질 것이다. 그렇게 변할 것을 미리 차단하며 한 번씩 거절하는 것이다. 그리고 남자의 반응을 살펴보라. 그의 본심을 확인할 수 있는 좋은 기회이다.

만약 오늘은 참아 달라고 요구했을 때, "그래, 네 의견을 존중해 줄게."라는 태도를 보이는 남자는 좋은 남자이자, 당신을 진정 좋아해서 오래 만날 마음이 있는 남자이다. 그러나 차갑게 돌아선다면 그의 본심은 100% 진정성이 없는 것이다.

만날 때마다 사랑을 하는 것은 양날의 칼이 될 수도 있는데, 둘 사이를 급진전되게 만들기도 하지만 진도가 빨라지는 만큼 빨리 헤어질 수 있다는 것도 알아야 한다. 이미 스킨십을 했던 사이라 할지라도 '오늘은 키스까지만.', '오늘은 손만 잡자.'라는 식으로 강약을 조절할 필요가 있다.

연애 초중반이어도 3~4번 만나면 한번정도 스킨십을 하는 허락하는 패턴을 가진다면, 남자는 아마도 초심을 잃지 않고 늘 고맙게 생각하거나 소중하게 생각할 것이다. 당신이 기분 좋을 때 또는 기준이나 요구사항에 부합하거나 충족했을 때 더 스킨십을 허락하고 둘만의 스킨십에서도 더 잘해준다면, 남자는 점점 여자의 기대에 부합해 나갈 것이다.

이처럼 둘 사이를 봐 가면서 스킨십으로 강약을 조절하는 것은 밀당과는 다르다. 남자가 스킨십을 원할 때 여자의 기분이나 반응이 많이 반영되면 남자는 여자에게 더 잘할 것이라는 공식이다.

남자가 실망하고 떠나는 진짜 이유

앞에서 남자가 싫어하는 스타일과 이유에 대해서 알아봤는데, 그것은 연인의 단계에서 점점 멀어지는 이유 또는 왜 이별에 이르게 되는가에 대한 이야기였다. 그중에서도 남자 입장에서 과도하게 오랜 시간 에너지가 낭비된다고 생각하면서 점점 지치게 된다.

이 단락에서 말하는 것은 남자가 실망하는 것으로, 여자의 요구 사항에 남자가 들어 주다가 지치는 것과는 개념이 약간 다르다고 할 수 있다. 모든 남자들이 여자친구에게 실망하고 떠나거나 가장 분노하는 것이 몇 가지 있어 살펴보도록 하겠다.

첫 번째, 무시하는 말과 행동이다.

모든 여자가 남자에게 존중받고 소중한 존재로 여겨지고 싶듯이 남자도 자신의 연인에게 존중받고 소중하게 대우받고 싶어 할 것이다. 이것은 결혼한 단계에서도 동일한 것이지만, 결혼한 후의 일과 연애 단계에서는 완전히 다르다.

　연애하는 단계에서 서로를 무시한다면 사실 그 커플은 결혼 후에도 엄청난 전쟁을 자주 치르게 될 것이다. 자신의 여자가 자신을 더 이상 존중하지 않고 무시한다는 것을 알게 된다면, 특히 다른 남자는 존중하면서 자신을 무시한다는 것을 아는 순간 그것을 받아들이고 연애를 유지하는 남자는 없을 것이다.

　두 번째, 막말하고 욕하는 행동이다.

　오랜 커플을 보면서 사람마다 다르다는 것을 알게 되었지만, 연인에게 막말이나 욕을 일방적으로 받는 것도 안 되며 서로 주고받는 것도 사실상 좋지는 않다. 동거나 결혼 후에는 정말 치열하게 싸울지라도 연애의 단계에서 정말 막장으로 싸운다면 걱정스러운 일이다.

　왜냐하면 동거나 결혼에서는 사실 싸운다는 것은 서로를 알아 가는 단계, 즉 치료가 되면서 상처가 아물 때 생기는 아픔이다. 상처가 벌어지는 아픔이 아니라 서로를 알아 가고 이해해 가는 진통이라 할 수 있다. 이건 피할 수 없는 과정이다. 단지 어떻게 잘 서로가 이해하고 서로를 존중해 주느냐에 따라서 기간이나 성향이 약간씩 달라질 뿐이다. 연애의 단계에서 한 번도 안 싸웠던 커플도 동거나 결혼 후에는 다 이러한 과정을 한 번씩 겪어야 하는 사춘기나 과도기이기 때문에 그렇다.

　마지막은 더 이상 여자로 느껴지지 않을 때이다.

　여자는 할머니가 되어도 예쁘다는 말을 좋아한다고 한다. 즉, 남자는 늙어도 가족들이 인정해 주고 존중해 주길 바라듯이 할머니나 어머니도 인정받고 존중받길 원하는데 여자로서 나이가 아무리 많다고 할지라도 동안이나 예쁘다는 말에 기분이 좋아진다.

그렇듯이 남자에서 여자친구가 여자로 보이는 것은 매우 중요하다. 상대방에게 아직도 이성적으로 보이고 성적으로 매력이 있다는 것은 절대 헤어질 수 없는 이유 중 하나이다. 필자는 여기서 옛 속담 중 하나를 고치고 싶다. "얼굴은 1년 가고 성격은 3년 가고 지혜로운 여자는 평생 간다."고 하지만, 실제로 여론 조사를 해 보면 늙어도 예쁜 배우자랑 결혼한 것을 후회하지 않음을 알 수 있다. 그만큼 남자에게 여자가 여자로서 보이는 것은 매우 중요한 일이라는 것이다.

특히 남자가 여자친구에게 결혼이 아닌 연애하는 기간 중에 가장 신비김이 떨어질 때가 잠자리를 할 때이다. 많은 것을 보게 된 사이라 할지라도 여자로서 지켜야 하는 최소한은 잊지 말라는 것이다. 사귄 지 오래되더라도 속옷에 신경 쓴다거나 향수를 가지고 다닌다면, 아마도 여자에게 느끼는 그 신비감과 이성적 느낌을 오랫동안 유지할 수 있을 것이다.

모태솔로 남자와
여자 연애선수의 만남은?

    지금까지 수많은 잘못된 연애상식과 고정관념을 고쳐 주기 위해 노력했는데 이번에는 모태솔로 남자와 여자 연애선수의 만남에 대해서 이야기를 해 보자.

    처음 소개팅에서 남녀가 만나게 되었다. 여자는 늘 나쁜 남자나 연애선수들을 만났고 자신도 어느 정도 연애의 경력자가 되었다. 반대로 남자는 30살까지 이성친구를 만나지 못한 모태솔로이다.

    다시 한번 이야기하자면 모태솔로가 나쁜 것이 아니다. 연애의 기술자이자 연애컨설팅 원장으로서 진심으로 하는 말이지만 모태솔로가 나쁜 것이 아니라 그것을 이용하는 세상이 나쁜 것이다. 다른 일에 열심히 집중하다 보면 솔로일 수도 있는 것이지 그것이 무엇인가 유별나 보일까? 연애를 많이 했다는 것이 절대 자랑도 아니고 부끄러움도 아니고 그냥 아무것도 아니다. 지금 내가 어떤 사람인가, 이것이 가장 중요하다.

연애선수인 남자와 모태솔로인 여자의 만남은 사실 아무 문제도 되지 않는다. 늘 그러하듯이 남자가 모든 것을 리드하고 오히려 남자는 순수한 여자의 매력에 역으로 빠져들게 될지도 모른다. 나이에 상관없이 말이다. 남자는 여자에게 이것저것 알려주면서 너무도 기뻐하게 될 것이고 자신의 말에 잘 따르는 여자가 더 예뻐 보일 것이다.

그런데 문제는 같은 상황이라도 남녀를 바꾸면 완전히 다른 상황이 되어버린다. 모태솔로인 남자와 연애 경력자인 여자의 만남은 남자 입장에서는 아무것도 아닐지라도 여자의 입장에서 엄청난 부담이나 걱정거리가 된다. 너무 연애를 능수능란하게 잘하는 남자도 안 되고 순수한 모태솔로 남자도 안 되고 자신보다 조금 앞서는 연애 경험의 남자를 바라고 있었는데 하나부터 열까지 모두 가르쳐야 한다는 것에 많이 당황할 것이다.

이것은 기본적으로 남자가 리드해야 한다는 연애의 기본공식이 있기 때문이다. 물론 자신의 의사를 직접적으로 표현하는 것을 답답하게 생각하는 여자의 입장은 알겠지만, 이런 경우에는 여자가 직접 모든 것을 하나하나 말로써 정확하게 알려주어야 한다.

여자가 어떤 표현을 했을 때 그곳에 가고 싶다거나, 보고 싶다거나, 손을 잡고 싶다는 등의 여자의 간접적 화법이라는 것을 알아야 한다. 연애 경험이 적은 남자에게는 일명 '여자의 테스트'는 하지 않는 것이 좋다.

이 남자가 좋은 남자인지 어떤 생각을 가지고 있는지에 대한 여자만의 테스트를 한다면 연애 경험이 많은 남자는 감동을 주면서 합격하겠지만 연애 경험이 적은 남자는 굉장한 낙제점을 받으면서 탈락하고 만다. 이는 바로 이별로 이어지고 연애 경험이 적은 남자는 아주 큰 상처를 받게 된다. 여자가 그 옛날 남자 연애선수에게 큰 상처를 받았던 것처럼 말이다.

스스로 밀고 당기기가 싫다면 상대방에게도 테스트를 하지 말라! 그 시험을 통과할 수 있는 사람은 연애 경험이 많은 사람밖에 없기 때문이다. 남녀 둘 중 한 명이 연애 경험이 월등히 많다면 누가 되었든 리드하는 것이 좋다.

연애 과거사나 그 사람의 문제에 대한 오해가 발생하면 그 자리에서 솔직하게 물어보라. 혼자 생각하고 결론짓지 말라! 남녀 모두가 지혜롭고 경험이 많다면 슬기롭게 잘 해결하겠지만 둘 중 한 명이라도 다혈질이거나 연애 경험이 없다면 정말 위험한 행동이다.

그리곤 사람들은 이렇게 이야기한다. '나를 믿지 않다니, 우리는 인연이 아니구나' 또는 '어떠한 이유에서든 우리는 선을 넘었으니 더 이상 이 관계를 지속하기는 힘들 것 같아'라고. 둘 중 한 명은 상처를 주는 가해자 아닌 가해자가 되고 말 것이다.

왜 청바지가 잘 어울리는
여자를 좋아할까?

사실 우리는 '저 사람이 좋아요'라고 했을 때 왜 잘생긴 사람, 예쁜 사람, 몸매가 좋은 사람이 좋은지 그 이유를 간단하게 정의할 수가 없다. 다만 진화심리학으로 볼 때 생존과 번식에 유리하거나 강하다는 반쪽짜리 정의와 이유만 알아보았다.

나 역시 왜 얼굴이 작고 다리가 길고 골반과 엉덩이 허벅지가 선상한 여자가 이성적 매력이 있는지, '임신 출산 육아에 유리해서'라는 말을 제외하고는 왜 그런 여자가 인기가 많은지 알 수는 없다.

여자 역시 왜 건강하고 잘생기고 자신감이 높으며 사회적 지위가 높은 만큼의 인성과 유머가 있는 남자가 좋은지 이유를 정확하게 알 수는 없을 것이다. 단지 생존과 육아에 강한 남자가 여자를 더 잘 지켜줄 것이며 우월한 유전자를 이어간다는 반쪽짜리 진화심리학의 이론만 들 수 있다.

하얀 피부가 생존과 사냥, 임신, 출산, 육아에 전혀 도움이 되지 않는데 남녀 모두 좋아하는 이유는 무엇일까? 동남아시아에서처럼 무더운 날씨에 하층민들은 고생을 해서 피부가 검정색이고 귀족은 고귀해서 피부가 흰색이라 고귀해 보여서 호감이 느껴지는 것일까? 그렇다면 황인종과 흑인종은 모두 생존경쟁에서 도태되고 백인종만 살아남아야 하는데 그렇지도 않다.

남녀의 호감 공식을 너무 깊게 들어왔는데 아주 간단하면서 심오한 질문을 해보자. 왜 청바지가 잘 어울리는 여자가 큰 인기를 끌게 될까? 일단 청바지는 현대 의상의 가장 보편적인 기준이 되었고 실제로 몸매를 그대로 잘 나타내는 표준이 된다.

단순히 몸매의 표상이 된다면 레깅스도 있고 치마도 있을 것인데 왜 청바지일까? 물론 결론만 말하면 우월한 몸매와 건강함을 보여준다면 레깅스나 치마 역시도 남자들에게 인기가 높다. 다른 옷의 스타일들을 부정하는 것은 아닌데 가장 호불호가 없는 것이 청바지라는 것이다.

과거 남녀 미의 기준인 스타일을 본다면 아마도 촌스럽거나 거부감이 들 것이다. 코르셋이나 남자치마 등 말이다.

청바지는 현대 의상의 표준이므로 모든 사람이 청바지를 보고 판단하게 되었다. 예쁘거나 잘생기면서 몸매도 좋은 사람이 무엇을 입든 멋지지 않겠느냐마는 상위 10%의 우월한 사람들이 입고 다니면 그것이 또 스타일이 된다.

단지 지금까지 청바지를 무너뜨릴 정도의 곡선과 체형을 이성적 매력으로 나타낼 수 있는 보편적인 옷이나 소재가 나타나지 않았기 때문이다.

아마도 수백 수천 년 전에도 모르기는 하지만 어떤 미의 기준이 분명히 있었을 것이다. 그러나 시대가 변했고 지금의 현대 패션스타일에는 청바지에 대적할 만한 소재가 없기 때문에 사실상 모든 근본적인 미의 기준과 표상이 청바지가 된 것도 분명 있다.

4부

나쁜 여자 지침서

- 유혹의 기술

연애 고수가 되는
최적화된 유혹의 기술

'연애 고수가 되는 유혹의 기술이 있을까?'라는 질문에 대한 답은 누구나 한 번쯤은 생각하고 고민해 봤을 법하다. 실제로 가장 많이 물어보는 것이기도 하고, 누군가에게는 간절히 되고 싶어 하는 목표이기도 하다. 연애 고수가 되기 위해서는 어떻게 해야 할까?

그것은 바로 상대방을 정확하게 분석하고 취향을 파악하는 것이다. 이것을 전문용어로 '캘리브레이션'이라고도 하는데, 원래는 '구경측정'이라는 말로 쓰이고 있지만 연애의 기술에서는 상대방을 파악해서 먼저 대처하는 궁극의 기술로 여겨진다.

학교생활이나 사회생활을 하는 사람이라면, 이것이 얼마나 중요한 기술이고 능력인지 잘 알고 있을 것이다. 상대방을 가장 잘 알고 빨리 파악하는 것이 업무나 거래에 있어서도 매우 유리하며, 공부에 있어서도 수능이나 교수 등의 성향을 빨리 파악해야지 좋은 점수를 받는 것에 더 유리하기 때문이다.

이처럼 상대를 빨리 파악하는 기술은 유혹과 연애에서도 매우 유리한데, 그 남자를 빨리 파악해 그 남자가 좋아하는 모습을 보여 주고 매력을 발산하여 친해지는 것이 가장 좋은 방법이다. 이것 외에 별다른 좋은 방법은 없다.

가끔 별다른 방법이나 대안도 없으면서 무조건 기존의 검증된 이론을 반박하는 사람들이 있는데, 캘리브레이션을 제외한 다른 방법을 한번 본인이 직접 시연해 보였으면 좋겠다. 괜히 한번 주목받아 보려고 이미 유혹의 기술에서 검증된 기술들을 무작정 부정하는 사람들이 있다. 이는 유명세나 수익에 눈이 멀어 대중들을 현혹하여 잘못된 길로 인도하는 무책임한 일이라고 생각한다.

연애 고수가 되고, 마음에 드는 남성을 사로잡기 위해서는 먼저 그 남자가 좋아하고 호감을 느낄 수 있는 스타일을 정확하면서도 빠르게 파악하고 난 뒤에 점점 친해지기를 진행하면 된다. 그런데 이 과정에서 많은 사람들이 걱정하는 것이 있다. "이 모습이 나의 모습이 아닌데, 왜 나의 진짜 모습이 아닌 다른 모습을 보여야 하는 것이죠? 나는 있는 그대로의 나를 사랑해 줄 사람을 원해요. 나의 진짜 모습을 사랑해 주고 내 내면을 봐 주는 남자를 원해요."라고 할 수도 있을 것이다.

하지만 생각해 보라. 그런 논리라면 정성 들여 화장할 필요도, 예쁜 옷을 입을 필요도 없다. 사람은 의식과 무의식에 나 자신을 다른 사람들과 사회에 보여주고 인정받고 싶어 한다.

원하는 학교나 회사에 지원하여 면접 볼 때를 한번 생각해 보라. 과연 그 학교나 회사가 원하는 인재상을 외면하고, 심사관의 대답에 자신의 솔직한 모습과 뚜렷한 주관으로 대답하는 사람이 있는가? 아니면, 최소한 면접 보는 그 순간만큼은 그 학교와 회사가 원하는 인재상에 나 자신을 맞추어 보려고 노력하는가?

자신이 원하는 학교나 회사에 들어가기 위해서는 그들이 원하는 인재에 최적화되기 위해 그렇게 노력하면서, 왜 자신이 원하는 남자의 이상형에는 전혀 맞추지 않는 걸까? 그러면서 사랑이 찾아오거나 이루어지기를 바라는 것은 이치에 맞지 않다.

사랑을 얻기 위해 그 정도의 노력은 당연한 것이다. 꼭 그렇게 하지는 않더라도 그 정도의 의지는 있어야 한다. 학교나 회사에서는 그렇게 노력하면서 남자나 사랑에 있어서만큼은 전혀 노력하지 않거나 여자가 노력하는 것은 잘못된 방법이고 무조건 실패할 거라는 생각은 편견이라고 말하고 싶다.

자신의 있는 그대로의 자연스러운 모습은 사귀고 난 후, 조금씩 정이 쌓이면서 서로의 모습을 맞추어 나가면 된다. 그 남자 역시도 여성에게 보이는 그 모습이 본연의 모습은 절대 아니기 때문에 '환상에서 깨어지면 어떡하지?'라고 생각할지도 모른다. 여성만 꾸미는 것이 아니라, 남자 역시도 여성과 분야만 다를 뿐 다른 분야에서 많이 꾸미고 과장된 모습을 보여 주기 때문이다.

둘은 이렇게 서로의 환상에 반해 사랑에 빠지게 되고 점점 동화되고 같이 현실을 마주하고 인정하고 함께하게 된다.

남자들이 생각하는
여성상, 이상형

남자들은 어떤 여자를 가장 좋아할까? 그동안 이 주제에 대한 질문을 수도 없이 받아 왔다. 이것은 연애컨설팅을 오래 해 오면서 비단 여자뿐만 아니라 남자에게서도 많이 받은 질문 중 하나이다. "여자들은 보통 어떤 남자를 좋아해요? 가르쳐 주세요."라고 물어본다.

먼저 여자에게 물어보고 싶다. "과연 어떤 남자를 좋아하나요?" 이것은 매우 주관적일 수도 있고, 공통적으로 해당하는 부분도 있을 것이다. 어떤 여자는 유머감각이 풍부한 사람을 좋아하기도 하고, 또 어떤 여자는 자기 일에 열중하며 열심히 하는 사람을 좋아하기도 한다. 또 키가 크고 잘생긴 사람을 좋아하는 여자도 있고, 착하고 가정적인 사람을 좋아하는 여자도 있을 것이다.

만약 키도 크고 잘생기고 자기 일에도 열심이고 착하고 가정적이면서 유머감각까지 있다면 어떨까? 아마도 100% 모든 여성들에게 선택을 못 받을지라도 80~90%의 여성들에게는 호감을 얻을 수 있을 것이다.

사람이 살아가는 데 있어서 단적으로 무엇이 중요하다고 말할 수는 없다. 행복한 인생, 부족함 없는 인생을 위해서는 돈만 있어서는 안 되고 가족도 있어야 하며, 친구도 있어야 하고 애인도 있어야 하고, 건강도 있어야 하고 명예도 있어야 한다. 이 밖에도 기타 등등의 많은 요소들이 다 갖추어졌을 때, 비로소 행복한 인생, 부족함 없는 인생이라 부를 수 있을 것이다.

건강에 있어서 무엇을 가장 중요하게 여기는지 묻는다면, 신체의 어느 한 부위를 특정할 수는 없을 것이다. 건강해지는 음식에서도 한 가지 음식이나 영양소를 특정해서 단정 지을 수도 없다. 모든 것이 골고루 다 갖추어져 있어야 한다는 것이다. 한 가지를 단적으로 특정하는 것은 매우 극단적이며, 그것이 진실이 아닐 확률도 높기 때문이다.

이상형에 있어서도 마찬가지다. 다수의 여자들이 키가 크고 잘생긴 남자를 좋아하겠지만 키가 작고 개성 있는 남자를 좋아하는 여자도 있고, 착하고 가정적인 남자를 좋아하는 여자가 있는 반면 요즘 흔히 말하는 '츤데레'처럼 사실은 호의를 가지고 있지만 겉으로는 새침하고 쌀쌀맞게 대하는 남자를 좋아하는 여자도 있다. 이 밖에도 섬세한 남자를 좋아하는 여자, 남자다운 면모를 좋아하는 여자 등 이상형은 각양각색이다.

이처럼 여자들도 남자에게 바라거나 이상형에 있어 단순히 한두 가지로 규정지을 수 없듯이, 남자에게 있어서도 어떤 여성이 가장 좋으냐는 질문에 특정적으로 한 가지를 단정 지을 수 없다. 어떤 이는 키가 크고 지적인 여성을 좋아하는가 하면, 키가 작고 귀엽고 애교 많은 사람을 좋아할 수도 있고, 또 날씬하고 예쁜 여성을 좋아하거나 얼굴보다는 몸매를 보는 사람도 있다. 또 몸매에 있어서도 날씬한 여성을 좋아하는 경우도 있고, 글래머를 좋아하는 남자들도 있다는 것이다.

살아가면서 다양한 남자를 만날 수많은 기회가 있을 것이다. 지금의 연애와 한 명의 남자로 끝나는 것이 아니라 계속 다른 좋은 남자를 만나게 되어 있다는 것이다. 그때마다 어느 한 특성만을 가지고 있다면, 실패하거나 아예 기회가 주어지지 않을 가능성도 높아진다.

그래서 늘 자기계발과 자기관리를 하면서 여성도 다양한 방면으로 관리하고 노력하는 것이 좋다. 더욱더 자신에게 맞는 최적화된 화장술을 알게 된다든지 남자들이 가장 좋아하고 어울리는 스타일을 발전시키고 조금은 더 남자를 잘 알고 능숙하게 상대할 수 있는 여유로움과 유머까지 지니게 된다면, 어떤 괜찮은 남자를 만나게 되었을 때 더욱더 쉽게 사랑이 이루어질 수 있다는 것이다.

물론 남자가 여자에게 가장 먼저 호감을 느끼는 부분은 외모일 것이다. 그런데 이는 여성도 상대방을 처음 만났을 때 당연히 남자의 첫인상에 많은 호감을 가지게 되는 것과 같다. 만나다 보면서 서로의 다른 매력을 알고 점점 빠지게 되는 것은 남녀 모두 같은 원리가 되는 것이다.

따라서 외모 역시도 아무리 발전시킨다 할지라도 한계치가 있고 전혀 다른 사람이 될 수 없기 때문에 다른 매력적인 부분도 반드시 발전시켜야 할 필요가 있다. 키가 크다면 키가 큰 것에 대한 장점을 최대한 부각시키고, 반대로 키가 작다면 키가 작은 것에 매력을 최대한 부각시키면서 자신만의 독보적인 매력을 가지게 된다면, 호감을 받을 수 있는 남자의 폭도 보다 넓어질 것이다.

사실 오랫동안 살면서 수많은 이성을 만나게 되지만, 이상형이 아니더라도 끌리게 되는 경우도 많다. 이 글을 읽는 독자분도 평소에 꿈꾸던 이상형이나 방송을 통해 이상형으로 그려 왔던 연예인과는 전혀 다른 이성과 사귀게 된 경험이 있듯이 말이다.

그렇기 때문에 다양하면서도 폭넓게 자신만의 매력을 완성시킨다면, 어느 남자를 만나든지 자신감이 있을 것이고 유리하게 상대할 수 있을 것이다.

남자들은 왜
여우 같은 여자를 좋아할까?

남자들은 왜 여우 같은 여자를 좋아할까? 한때 책 제목으로 매우 인기 높았던 주제였는데, 그 이유는 이 책 제목이 사실은 의미심장한 내용을 담고 있기 때문이다. 이는 많은 여자들이 가장 이해가 되지 않으면서 궁금해하는 부분이기도 하다.

그런데 정말 왜 남자는 여우 같은 여자를 좋아할까? 그 이유는 바로 남자와 여자 모두, 남자가 남자를 보는 기준과 여자가 여자를 보는 기준, 그리고 남자가 여자를 보는 기준과 여자가 남자를 보는 기준이 완전히 다른 분야이기 때문이다.

예전에 필자 역시 가장 이해되지 않았던 부분 중에 하나가 '왜 여자들은 저런 남자를 좋아할까?' 하는 것이었다. 처음 유혹의 기술자가 되기 위해 노력하고 연애의 기술을 연구할 때, 이러한 질문은 그동안 만들어 낸 공식들을 부정해야 할 만큼 큰 아이러니였고, 늘 나를 혼란

스럽게 만들어 연구에 연구를 거듭했지만 도저히 알 수 없었다.

그러나 진화심리학과 진화생물학을 공부하고 그것에 기반하면서 어느 정도는 풀리기 시작했고, 오랜 실전 연구로 남자가 보는 남자의 기준과 여자가 보는 남자의 기준이 어떻게 다른지 알게 되었다. 그러면서 '왜 여자들이 저런 남자를 좋아할까?'라는 의문이 풀리기 시작했다.

즉, 남자 역시 '여자들은 왜 나쁜 남자를 좋아할까?'와 같은 주제로 고민한다는 것이다. 사실 이것은 매우 간단하지도, 쉬운 문제도 아니다. 고급 정보이며 어려운 주제이다.

여자들이 나쁜 남자를 좋아한다고 가정했을 때, 남자들은 대부분은 굉장히 난봉꾼이며 경제적으로 무능하고 바람기 가득하고 여성에게 갑질하는 남자를 떠올린다. 근데 여기에는 꼭 '아무 이유 없이' 또는 '여자가 생각 없이'라는 남자들의 전제가 깔리곤 한다. 다시 말해, 우연에 의해 저 예쁜 여자가 남자를 잘못 만나서 비참해지거나 곤경에 처한다고 생각한다는 것이다.

근데 한번 생각해 보라. 당신은 지금까지 남자를 만날 때 아무 생각 없이 만난 적이 단 한 번이라도 있었는가? 없을 것이다. 남자도 마찬가지다. 절대 아무 생각이 아무런 이성적 매력 포인트도 없는데 그냥 사귀고 결혼하는 남자는 없다.

그에 상응하는 충분한 이유가 있기에 만남을 이어 나가는 것인데, 남자들은 나쁜 남자에게 휘둘리는 예쁜 여성을 보면서 안타까워하면서 앞에서 말한 그런 전제와 이유를 생각한다.

나쁜 남자에게 휘둘리는 여성에게 왜 저 남자를 만나냐고 물어보면, 단점보다 포기할 수 없는 매력과 장점이 분명히 있을 것이고 그것 때문에 만난다는 것이다. 설령 남자가 여자친구를 때린다 해도 그것을 덮을 만한 그 남자의 매력이나 장점이 있기 때문에 또는 이해할 수 있는 상황이 있기 때문에 계속해서 만난다는 것이다.

이와 마찬가지로 남자 역시, 여우 같은 여자에게 속아 넘어가는 일은 없다. 그녀가 실제로 그런 성격이 아니거나 인위적으로 애교를 보인다 할지라도 그 모습을 그 남자가 좋아하기 때문에 알면서도 만남을 지속하는 것이지, 속아서 넘어가거나 좋아하는 경우는 없다는 것이다. 여자가 보는 여자의 모습은 어떨지 몰라도, 그저 남자가 보는 여자의 모습에만 부합하면 된다.

나 역시도 이와 비슷한 경험을 한 적이 있다. 대학생 시절, 학과 친구들과 헬스클럽을 같이 다닌 적이 있다. 수개월 동안 다니면서 늘 보게 되는 그녀에게 깊은 호감을 느꼈고, 학과 다른 여자들에게 "저 여자, 참 예쁘고 볼수록 매력이 넘친다."고 이야기를 했다.

그러자 그 여자 학우들이 그녀를 예의주시하기 시작했고, 몇 주 뒤에는 그녀에 대해서 이렇게 이야기했다. "오빠, 그 여자 굉장히 이상한 여자야. 목욕하면서 혼자 침 뱉고 욕하고⋯⋯. 별로 좋은 여자는 아닌 것 같아. 그리고 얼굴도 화장을 지우는 걸 봤는데, 그렇게 예쁜 건 아니었어."라고 말이다.

그 말을 듣고 더 관심 있게 그녀를 지켜보았는데, 결국은 그런 말을 뒤로하고 그녀에게 접근하기로 결심했다. 그리곤 친해져 연락처를 교환하고 썸을 타고 잠깐이나마 사귀었다.

결론적으로 말하면, 그녀에 대한 다른 이들의 험담은 남자의 입장에서 그녀를 사귀고 안 사귀고의 큰 이유가 될 수 없다는 것이다. 눈에 보이는 모습만 나에게 부합되고 좋으면 그 외에는 듣고 싶지도 않고, 만약 듣는다 할지라도 믿지 않게 된다. 결국 내가 필요한 것은 나의 이성적 매력에 부합하는 여자이지, 사업 파트너나 동료가 필요한 것이 아니기 때문이다.

남자 복 없는 여자,
연애 운 없는 여자

연애의 기술을 연구하고 연애컨설팅을 할 정도의 수준이 되기까지 참 긴 시간이 필요했고 그만큼 많은 노력이 있었는데, 가장 중요한 것은 연애에 필요한 외모나 스타일 센스와 기술, 데이트 노하우 등이 아무리 출중해도 이성을 만나지 못한다면 아무런 소용이 없다는 것이다.

처음 연애의 기술을 연구했을 때가 대학생 시절이었는데, 지금은 그때와는 비교할 수 없을 정도로 여러 가지 면에서 고도로 발전했다고 할 수 있다. 그러나 가장 좋은 여자를 만날 수 있었던 시절, 쉽게 이성을 만날 수 있었던 시절은 지금이 아닌 대학생 때였다.

그때는 학교에 가면 여자들이 넘쳐났다. 학과 수업, 교양 수업, 동아리, 학교 주변 번화가 등에서는 늘 여자들이 많이 있었다. 그래서 지금보다 그때가 실력 면에서는 훨씬 부족 했을지 몰라도 늘 여자들이 끊이지 않았다.

그에 반해 지금은 여자를 만나기가 더욱더 힘들어진 상황이다. 일단은 여자를 만나려면 여자들이 있는 모임에 가지 않고는 자연스럽게 만날 수가 없다. 그래서 인위적으로 카페나 서점을 가곤 한다. 자연스럽고 가벼운 티가 나지 않는 장소로 좋기 때문인데, 일만 하다 보니 점점 연애하는 기회가 줄어드는 것을 느끼게 되었다.

필자 같은 경우 여러 가지 직업을 가지고 있어서 연애컨설팅만 하는 것은 아니지만, 이성친구를 만날 수 없는 일반인이라면 사실 더 힘들 것이다. 이성친구를 만나기 힘들다면 소개해 주기만을 기다리지 말고, 남자들이 다가올 수 있는 최소한의 여지와 기회를 만들어 보면 어떨까?

예를 들어, 소개팅 사이트에 가입한다든지 동호회니 스터디모임에 나가는 것도 좋은 방법이다. 또한 전시회나 미술작품 갤러리 등에 주기적으로 가면서 사람들을 사귀는 취미도 좋을 것이다. 그 중에서도 음악이나 예술 관련 취미 활동을 하는 것을 가장 추천해 주고 싶다.

예술이나 음악 등의 모임이 가장 분위기가 좋고 감정이 넘치기 때문이다. 만일 이러한 모임을 통해 남자를 만나지 못하더라도 최소한 삶의 높은 만족도를 얻게 되어 있다. 필자 역시 10대 시절 기타리스트를 해 보면서 악기를 연주하고 주변에 다른 여고와 친목모임을 가지면서 너무 재미있고 뜻깊은 시간을 보내게 되었다.

지금은 일이 바빠서 기타를 치고 싶어도 칠 수 없고 모임에 나가고 싶어도 나갈 여건 자체가 안 되지만, 여유가 있는 사람이라면 꼭 이런 악기를 배우고 친목도 형성한다면 정말 좋은 기회가 찾아올 것이다.

　이렇듯이 아무리 연애의 실력이 있다 할지라도, 이성을 만날 수 있는 기회 자체가 주어지지 않는다면 아무런 소용이 없다. 공대에 다니는 A급 남자보다도 인문·예술대 등에 다니는 C급 남자에게 연애의 기회가 더 주어지는 것은 어쩌면 당연한 것이다.

　이성을 많이 만날 수 있는 환경에 있다면, 사실 노력하지 않아도 많은 이성 경험을 하게 될 것이다.

하는 연애마다
왜 먼저 차이는 걸까?

주변을 둘러본다면 외모도 괜찮고 성격도 좋은 여자들이 많이 있는데, 그녀의 예쁜 외모나 좋은 인성만큼이나 우리는 그녀의 연애 사업이 잘되었으면 하고 기대해 본다. 그러니 정말 보기 좋게 안 좋은 노습으로 끝나 버리는 그녀의 연애를 볼 때마다 지인들이 더 그게 인타까워한다.

그러나 항상 하는 말이지만, 남자가 보는 여자와 여자가 보는 여자는 엄연히 다르다고 할 수 있다. 특히 동성과의 인간관계와 이성과의 연애 관계는 완전히 다른 분야라는 것을 알아야 한다.

남녀가 만나서 연애를 지속하다 보면, 사실 이별을 맞이하게 되는 순간이 찾아오는 것은 당연하다. 그중에서도 먼저 이별을 맞이하는 쪽은 당연히 분노나 배신감을 가질 수밖에 없다. 그런데 이별을 맞이하는 것이 어떤 순리나 자연적인 현상이 아니라 늘 똑같은 스토리와 엔

딩을 맞이한다면, 그것은 스스로를 분명히 돌아보아야 하는 계기를 마련해야만 한다.

남자에게 항상 먼저 이별 통보를 받는다면, 먼저 여러 가지 연애 습관이나 방식에 문제가 있음을 알아야 한다. 남자가 먼저 이별을 통보하는 이유로는 여러 가지가 있겠지만, 가장 크게 몇 가지로 나눠 볼 수 있다.

첫 번째는 모든 것을 남자에게 전가하는 의지형이다. 물론 남자도 대부분은 여자에게 큰 기쁨을 주기 위해 노력하지만, 그것은 어디까지나 스스로가 그렇게 하는 것이지 상대편이 강요한다고 해서 되는 것이 아니다.

"오빠, 이거 해 줘.", "당연히 남자가 해야지."라고 하는 것은 처음 썸을 타고 연애 초반에는 어떻게 보일지 몰라도, 설렘이 지나고 신뢰와 편안함이 쌓이는 연애 중반에 들어서고부터는 매우 큰 부담감과 책임감을 강요받게 된다.

두 번째는 초반에 너무 많은 모습과 빠른 속도 등을 보여 주는 것이다. 연애의 단계에도 조금씩 속도 조절을 할 수 있어야 하고, 신비감을 가지게 하는 것은 필수이다. 광속으로 친해지면 광속으로 싫증이 나는 것은 당연한데, 이는 남자에게도 똑같이 가르치고 가장 중요하게 강조하는 것이다.

여자에게 어느 정도 매력을 어필하고 대화를 리드할 줄 아는 상태가 된다면 이 속도 조절이 가장 중요하다고 필자는 늘 강조했다. 아무리 그녀가 마음에 들더라도 밤새 통화를 하거나 너무 많은 이야기를 하게 된다면, 데이트를 할 때 할 말이 없거나 더 이상 보여 줄 매력을 잃게 되기 때문이다. 그래서 항상 나를 어느 정도 상상할 수 있게끔 조금씩 끌어당기면서 친해지는 것이 중요하다.

이것은 남자뿐만 아니라 여자에게도 해당된다. 남자가 그렇게 리드하지 못한다면, 여자가 속도 조절을 조금씩 하면서 보이지 않게 리드해 나가는 것이 중요하다. 모든 것을 운명이나 남자의 역량에 맡기는 것은 옳지 않다. 학업이나 업무는 자신이 주도하면서 연애에서는 무조건 운명이나 남자의 역량에만 맡기게 된다면, 결국에는 아쉬운 사랑마저도 놓치는 일이 생길 수 있다는 사실을 명심해야 한다.

세 번째는 감정적으로 더 앞서가는 것이다. 보통 여자가 먼저 좋아하더라도 남자에게 그것을 먼저 내비치는 것은 호감이 떨어지거나 부담감을 가지게 한다. 여자들이 갑자기 고백하는 것보다는 서서히 알아 가고 친해지면서 호감이 생기는 것을 선호하는 것과 같은 이치이다.

남자가 여자를 더 많이 좋아한다면 문제가 되지 않지만, 여자가 남자를 더 좋아하게 된다면 어떻게 해야 할까? 남자의 호감도에 맞추어 주면서 남자의 감정이 끓어오를 때까지 기다리거나 유도해야 한다. 특히 아직 결혼 생각이 없는 남자에게 결혼을 전제로 만나는 부담스러운 상황이 연출된다면 떠나고 싶은 생각이 들 것이다. 물론 여자 입장에서는 결혼할 수 있는 모든 준비가 다 끝났겠지만, 남자 입장에서도 결혼에 있어서 준비해야 할 자신의 상황과 풀어야 할 숙제들이 많기 때문이다. 따라서 내가 더 좋아하는 남자와 연애를 하면서 더 알아 가고 싶다면 그것에 맞추어 주는 것이 훨씬 더 좋은 방법이다.

　네 번째는 구속하거나 헌신하는 것이다. 처음에 서로 만나고 사랑할 때는 구속하지 못해 안달인데, 시간이 지날수록 서로를 빠르게 지치게 하는 것도 바로 이 지나친 사랑이다. 물론 일반적인 남녀라면 해당되지 않을 수도 있겠지만, 커플 중 누구 한 명의 외모나 스펙 등이 지나치게 높다면, 동성 친구들과 놀게 하는 것도 불안할 것이다.

　이 구속이나 헌신은 바로 상대를 잡고 싶은 마음에서 시작되는 것인데, 이렇게 구속하거나 헌신하는 쪽이 반드시 이별을 통보받게 되어 있다. 다른 경쟁자가 들어올 수 없게 단속하는 것과 그냥 구속하는 것은 엄연히 다르다고 할 수 있다.

　또한 여자들이 남자친구나 자식에게 헌신하고 무엇인가를 돌려받을 수 있을 것이라고 생각한다면, 언젠가는 배신감을 느끼거나 허탈함과 공허함을 느끼게 될 것이다. 진정 사랑하는 마음으로 헌신한다면 그에 대한 대가를 바라지 않아야 한다. 만일 '상대방이 알아주겠지.' 혹은 '이만큼은 해 주겠지.' 하고 보상받을 것을 염두에 두고 헌신하려 한다면, 당장 그만둘 것을 말해 주고 싶다.

5부

남자들은 왜 그럴까?
그 속마음들

양다리 남자,
그의 진짜 속마음은?

지금까지 연애컨설팅을 하면서 끊임없이 받아 온 질문이 있다. 바로 양다리를 하는 남자에 대한 의견들이다. 양다리를 하는 여자의 이야기보다는 훨씬 많은 남자들이 양다리의 대상이 된다. 양다리 혹은 문어발식의 남자라고 한다면 대부분은 굉장히 날렵하게 생긴 바람둥이를 생각하는 경향이 많은데, 그것은 연애에 대해서 잘 모르는 사람들이 영화나 드라마에서 만들어 낸 이미지라고 할 수 있다.

삼류들은 대부분은 앞에서 말한 그런 이미지의 사람들이다. 한눈에 보아도 바람둥이거나 선수 같아 보인다는 것이다. 그러나 연애의 최고수들은 절대 바람둥이나 선수 티가 나지 않는다. 일반인들은 절대 구별할 수 없으며, 그들은 그 어떤 것을 상상해도 그 이상을 보여 줄 것이기 때문이다.

진정한 사기꾼들은 사기를 치지 않는다. 공사도 치지 않는다. 호구들이 알아서 꼬여들고 돈을 갖다 바친다. 왜냐하면 그만큼 신뢰가 가고 매력이 있기 때문이다.

그렇듯이 연애에 있어서도 마찬가지이다. 대부분의 진짜 선수들이나 고수들은 절대 양다리, 문어다리 등도 걸리지 않고 여러명의 여자친구들을 모두 만족시킬 것이다. 이런 민원이 여자친구에게서 접수되는 것 자체가 일단은 남자친구가 그렇게 고수가 아니고 일반인이라는 것을 확정하고 시작하는 것이다.

필자 같은 전문가의 입장에서 보았을 때, 양다리를 하는 남자친구들은 두 가지 유형으로 분류할 수 있다. 첫 번째는 앞에서 말한 하는 것처럼 서툴고 어설퍼서 여자친구에게 걸린 유형이고, 두 번째는 아직 사랑의 소중함을 잘 모르거나 하나의 일탈로서 양다리를 하는 유형이다.

남자의 나이가 30대를 넘어가고 성숙한 나이인데도 불구하고 양다리를 걸치거나 바람을 피우다가 걸리는 것은 사실 20대가 하는 것보다는 심각하다. 20대는 모든 면에서 미숙하고 사랑이 무엇인지도 잘 모르는 단계이기 때문에 인생에 최고의 사랑이 찾아왔고 이 사랑이 얼마나 행복한 사랑인지 인지하지 못할 수도 있다는 면죄부를 줄 수도 있다.

물론 10대나 20대라 할지라도 썸을 타고 있는 여자들이 많은 것과 정식으로 애인이 있음에도 바람을 피우거나 양다리를 하는 것은 근본의 문제이기도 하다. 그 기질이 있다는 것이다. 후천적으로 학습하지 않고 미성숙했다 할지라도 그런 기질이 없으면 양다리나 바람을 피울 수 없기 때문인 점도 분명히 있다.

남자가 양다리를 하는 것에는 어리건 성숙하건, 그 본질적인 속마음에는 몇 가지가 있다.

첫 번째, 호기심이다.

이 호기심이라는 것은 딱 한 문장으로 말해서 '처음 보는 예쁜 여자가 궁금해서'이다. "어? 저 여자 귀엽네? 예쁘네? 한번 자고 싶다." 이 단순한 호기심에서 시작하는 것은, 물론 여성에게도 해당되는 이야기이다.

이렇게 단순한 호기심에서 시작하는 관심 등이 연애에 있어서만큼은 모든 화근의 씨앗이 된다. 연애라는 것은 행복한 권리만을 누리는 것이 아니라, 책임도 반드시 따르게 되어 있다. 다른 여자가 귀여워 보이고 예뻐 보이고 색달라 보여도 그것을 절제하거나 상상만으로 끝내는 것이 가장 바람직하고 현명하다.

두 번째, 진화심리학에 근거한 남자의 본성 때문이다.

진화심리학에 근거했을 때, 많은 여자를 만나고 많은 잠자리를 해서 자신의 자손을 많이 퍼트리는 것이 본성인 것은 확실하다.

그러나 지금 이 시대에 남자가 사냥을 하고 종족 번식을 하기 위해 많은 여자들을 데리고 산다는 것은 올바른 방법이 아니다. 진화심리학의 이론 자체가 진리이기는 하지만, 민주주의 법치국가 남녀평등의 시대 등 오늘날의 시대에 맞추어 본다면 올바르지 않다는 것이다. 호기심이 있더라도 지금의 시대에 맞게 적정선에서 호기심을 충족하거나 그것을 해소하는 방법이 분명히 있을 것이다.

세 번째, 여자친구에게서 부족함을 느끼기 때문이다.

처음부터 이상형에 부합하지 않았지만, 외롭거나 혹은 대충 좋아해서 사귀는 경우는 분명히 외도로 끝이 난다. 사실 여자나 남자나 지금의 이성에게서 전혀 외로움이나 부족함을 느끼지 못한다면, 다른 이성에게 눈을 돌릴 겨를 없이 그 사람에게만 빠지게 되어 있다.

이성친구를 만나면서 외로움이나 부족함이 있어 이성적으로 욕구가 모두 채워지지 않는다면 자연스럽게 다른 여성에게 눈을 돌리게 되어 있다. 이것은 그 여자의 잘못이 아니라, 처음부터 정해진 숙명이라고 할 수 있다.

네 번째, 잠깐의 일탈이다.

지금의 너무나도 좋은 여자친구를 사귀면서 행복할 수 있다. 그런데 사람이라는 것이 이상하게도 너무 행복하고 너무 좋으면 오히려 정신 줄을 놓고 미쳐서 다른 생각을 하기도 한다. 지금의 너무나도 좋은 여자친구를 만나다가, 불행은 어느 순간 '다른 여자는 혹시나 더 행복하거나 색다른 행복감을 주지 않을까?'라는 아둔한 생각에서 시작되며 찾아온다.

그리고 다른 여자를 만나는 순간, 지금의 여자친구가 얼마나 멋지고 나에게는 대단하고 과분한 여자인지를 새삼 깨닫게 된다. 세상에는 지금의 여자친구보다 훨씬 못한 여자들뿐이고 지금의 여자친구가 나에게 보내는 사랑의 반도 받을 수 없다는 현실을 직시하는 순간, 남자는 정신을 차리게 된다. 그리고는 이내 지금의 여자친구에게 돌아와서 더 잘하는 경우가 많다.

다섯 번째, 타고난 영웅호색이다.

말이 참 거창한 '영웅은 여자를 좋아한다'는 말인데, 영웅이 아니더라도 선천적으로 여자를 꽝장히 좋아하는 남자가 있다. 주변 친구들을 보더라도 천성적으로 남자를 좋아해서 여러 명의 남자 지인들을 알고 지내거나 남자 없이는 행복감을 느끼지 못하는 여자들이 있을 것이다.

그런데 이것은 진화심리학에 근거했을 때나 한 인간이 가지고 태어난 그 사람 자체의 취향이기 때문에 비난하는 것은 올바르지 않다고 생각한다. 사람에게는 그 사람만의 취향과 특성이 다 있기 때문이다.

필자는 오히려 이런 자신의 모습을 더 솔직하게 더 빠르게 깨닫고, 자신의 외로움과 이런 바람기를 잡아 주거나 해소해 줄 이성친구를 잘 만나는 것도 인생에 있어서 정말 중요한 일이라고 본다. '연애의 기술 같은 것은 어린이나 덕후들이 보는 거야.'라고 치부하면서 정작 자신은 연애하고 결혼하고 난 후, 자신에게 맞는 이성이 어떤 이성친구인지도 모른 채 중년이나 노년에 이혼소송을 하는 것보다는 더 좋기 때문이다.

나는 괜찮고 너는 안 되는 '판도라의 상자'

너무나도 상대방을 좋아하는 마음이 크고 강한 나머지, 커플들은 서로에 대해 너무 많은 것을 알고 싶어 한다. 30대인데도 왠지 내가 처음이었으면 좋겠고 왠지 내가 최고였으면 좋겠다는 바람은 여자나 남자 모두에게 있다.

나뿐만 아니라 모든 사람들이 정말 사랑하는 연인에게 그런 상대가 되고 싶고 정말로 그렇게 되었으면 하는 마음은 있지만, 그것을 구체적으로 실행하지는 않는다. 사랑하는 연인으로부터 더 호감을 얻기 위해 그리고 이 사랑을 더 잘 유지하기 위해 노력할 뿐이지, 그러한 바람을 애써 드러내는 사람은 없다.

그럼에도 불구하고 정말 아닌 줄 알면서도 내가 처음이고 싶고 내가 최고이고 싶은 마음을 그대로 상대에게 표출하는 경우도 있다. 이것은 판도라의 상자를 조금씩 열다가 어느 순간 다 열게 되는 것과 마찬가지인데, 그 끝에는 애석하게도 희망이라는 것도 남아 있지 않게 된다.

처음에는 좋아하는 마음에서, 그다음에는 사랑하는 마음에서, 그리고는 소유하고 싶어 하는 마음에서 그의 모든 것을 공유하고 싶고 알고 싶어 하는 마음에 조금씩 캐물어 보다 또는 수소문을 하다 조금씩 알게 되는 그의 과거에 대해서 어떻게 생각할 것인가?

물론 대부분은 평범하고 보통의 사람처럼 그저 그런 연애스토리나 썸이나 사건 사고 등이 있을 것이다. 일부는 아마도 굉장히 불량했을 수도 있고, 여자관계가 생각지도 않게 매우 화려했을 수도 있을 것이다.

사람에 따라서 그 기준이나 용납의 범위가 저마다 다르겠지만, 만약 여자의 생각에서 훨씬 벗어난 큰 과거가 있다면 그것을 어떻게 생각할 것인가? 그래도 결혼할 사이라면 무조건 다 알고는 있어야 된다면 어쩔 수 없지만, 모르는 게 약이라면 과연 어떨까?

물론 채무나 직업, 지병이나 범죄 같은 전력은 반드시 알아야 하겠지만, 세상을 오래 살다 보면 앞에서 말한 채무·직업·지병·범죄 등 심각한 사안이 아니라 단순히 연애가 많거나 내 지인과 막장이었거나 하는 등의 상황은 그냥 한번 웃고 넘길 수도 있을 것이다.

필자가 경험해 보니, 과거의 연애 경력보다는 지금의 연인을 얼마나 좋아하고 그에게 충실한가 그리고 앞으로 신뢰할 수 있고 우리 관계가 믿을 수 있는가가 중요할 것이라 생각한다.

다양한 이성을 만났다는 것은 그만큼 매력이 있거나 건강하다고 볼 수도 있을 것이다. 남녀 모두에게 말이다.

마음을 사로잡는 마인드 컨트롤, '질투심 유발'

남자를 더욱더 나에게 끌어당기는 여러 가지 방법들이 있지만, 그중에서도 가장 먼저 쉽게 할 수 있는 방법이 한 가지 있다. 바로 질투심을 유발하는 것인데, 이것은 엄연히 말하면 'high end value'라고도 한다. 즉, 가장 높은 최고 가치를 증명해 보임으로써 이성에게서 더 호감을 이끌어 내는 방법 중에 하나이다.

남자들에게 가르치는 높은 가치증명의 방법 중에 예쁜 여성들과 친구들과 같이 어울려 다니는 것이라고 가르친다. 이것은 남자뿐만 아니라 여자에게도 그대로 적용된다. 물론 남자와 여자가 생각하고 받아들이는 이성적 연애의 가치관과 생각 그리고 느낌이 엄연히 다르기 때문에 세부적인 사용 방법은 다르겠지만, 높은 가치의 이성들과 어울림으로써 다른 이성에게 나의 가치를 증명하는 것은 같은 원리이다.

남자에게 가르치는 연애의 기술 중에는 상황에 따라 여러 가지가 있지만 그중 캠퍼스라고 가정한다면, 일단 학기가 시작될 때 같은 과에 예쁜 여자 무리에게 접근한다. 단, '나는 당신에게 이성적으로 작업 따위를 할 목적으로 접근하는 것이 아니에요. 단지 같은 학업이라는 목적이 같고, 당신이 학업을 같이 하는 데 좋은 동업자가 될 수 있을 것 같다는 생각이 들었고, 인간적으로도 좋은 사람인 거 같아 친하게 지내고 싶어요.'라는 순수한 뜻을 충분히 전달하고 친하게 지내면 된다.

물론 이것은 교양수업을 듣게 되거나 동아리 등에도 그대로 적용되어 같은 방식으로 접근할 수 있다. 보이는 모든 여자에게 이성적으로 접근한다면 모든 여성들의 공공의 적이 되기 때문이다. 아마도 이건 여성들이 더 잘 알 것이다.

그리고 난 다음 친하게 지내고 있는 그 예쁜 여성들과 즐겁고 재미있게 잘 지내면 끝이다. 단, 최대한 많은 사람들, 특히 여자들이 보게끔 하는 것이 좋다. 그렇게 된다면 다른 여성들은 예쁜 여성의 무리들과 어울리는 그 남성에 대해 무엇인가 검증된 매력이 있거나 최소한 안전하고 편안한 사람이라는 것을 무의식으로라도 여기게 된다는 것이다.

이 방법은 실제로도 매우 잘 통하는 방법이며, 지금도 남자들에게 많이 권하는 방법 중에 하나이다. 아무것도 모르는 상태에서 아무리 멋지게 꾸미고 뜬금없이 고백하거나 갑자기 관심이 있다면서 작업을 거는 것보다는 백 배 좋은 방법이기 때문이다.

이것을 그대로 여자의 유혹 기술에서도 적용할 수 있다. 처음 학교나 모임에서 최대한 멋지고 사회적 지위가 높은 남자들과 어울리고 친목을 다지는 것이 중요하다. 물론 당연히 여성이 먼저 잘해준다면 이성적으로 좋아해서 잘해주는 것이 아니라, 단지 다른 좋아하는 남자의 관심을 끌기 위해 친하게 지내고 친절을 베푸는 것인데 다른 상대의 남자가 오해하거나 착각할 수도 있으니 틈나는 대로 선을 확실히 그어주는 것이 중요하다.

왜냐하면 단지 질투심을 유발하고 높은 가치를 증명하기 위해 친하게 지내기만을 원하는 남자가 갑자기 고백하는 등 변수도 작용할 수도 있기 때문이다. 그렇게 적절한 선에서 다른 남자들이 보기에 멋진 남자이거나 사회적 가치가 높은 남자들과 친목을 다지게 된다면, 다른 남자들도 그 모습을 보게 될 것이다.

요즘은 블로그나 SNS, 카카오스토리 등이 있기에 그런 것들을 이용할 수도 있다. 최대한 남자들에게 관심을 받는 모습을 증거로 남기게 된다면, 이성적으로 관심이 있는 남자 역시도 당신을 다르게 볼 것이고 당신이 높은 가치를 가지고 있다고 판단하게 될 것이다.

물론, 허세나 과장된 모습을 자랑하라는 것이 아니다. 예를 들어서 명품을 자랑한다거나 너무 많은 해외여행 사진 등 사치스러움이 묻어나는 사진이 아니라, 다양한 경험을 하고 스스로에게 늘 자부심을 가지거나 전문적인 모습, 그 와중에서도 멋진 남자들과 함께 잘 어울리는 모습 등을 자연스럽게 어필하라는 것이다.

그렇게 된다면 이성적으로 좋아하는 남자는 '내가 소홀하게 상대하거나 지속적으로 관심을 가지면서 호감을 이끌어 내지 않는다면 다른 멋진 남자가 중간에 먼저 사귀게 될 수도 있겠구나.'라는 생각으로 약간의 긴장감을 안게 될 것이다.

정리하자면, 남자를 좋아하는 여자의 모습이나 사치를 보여 주는 것이 아니라 자신의 학업이나 업무에 전문적인 모습과 다양한 경험을 하는 모습 그리고 사회적으로 높은 가치의 남자 또는 사람과 어울리는 모습을 보여 주고 이성들에게도 관심을 많이 받고 있다는 모습을 어필한다면, 좋아하는 이성에게서 더 높은 평가를 받을 것이고 더 존중받거나 더 많은 호감을 빨리 받을 수 있다는 것이다.

남자의 짐승 본능!
스킨십 통제하기

썸을 타는 남자나 연애하고 있는 남자의 스킨십에 부담을 느낀다는 여성분들의 문의가 의외로 많다. 물론 스킨십을 많이 하는 것은 두 가지 유형으로 구분할 수 있다. 한 번 자고 싶어서 노력을 하는 유형과, 또 다른 유형으로 원래 스킨십을 정말 좋아하는 남자로 나눌 수 있다.

이 중에서 한 번 자고 싶어서 계속적으로 스킨십의 진도를 나가는 것은 문제가 있다. 스킨십을 하는 것 자체는 나쁜 것은 아니지만, 문제는 앞에 전제했듯이 '한 번 자고 말 것'이라는 것이다. 원나잇이라도 상관없다면 동의해도 괜찮을 것이다. 그러나 그를 더욱더 오래 만나고 싶거나 원하지 않는다면, 허락하지 않고 단호하게 의사를 분명히 이야기하는 것이 좋다.

또 다른 유형은 선천적으로 스킨십을 좋아하는 남자이다. 그런데 이러한 유형의 경우, '남자'라기보다는 '사람'이라고 해야 옳을 것이다.

남자로서가 아닌, 그저 스킨십을 좋아하는 사람이라는 것이다. 이런 경우는 아주 좋게 표현한다면 사랑이나 정이 많다고 말할 수도 있고, 사랑을 많이 받아서 어느 사람이건 스킨십이 자연스러운 사람일 수도 있다.

6부

남자가 좋아할 때 보이는
말과 행동

남자가 여자에게 관심 있을 때 하는 말과 행동

남자들이 좋아하는 여자의 말과 연락 그리고 행동 등은 반드시 알아야 할 연애의 기술이기도 하지만, 기본적으로 사회생활을 하거나 거래처 관계를 맺을 때도 도움이 되니 이 부분은 연애에 국한된다고 하기보다는 인간관계에서도 적용된다고 본다.

같은 여자라는 전제하에서 아마도 대부분은 아무리 잘생기고 멋지고 경제적으로 부유하다 할지라도 모태솔로인 남자랑 데이트를 해 본다면 그가 왜 그동안 여자들에게 인기가 없고 아직까지 솔로인지를 정확히는 몰라도 어느 정도는 금세 알게 될 것이다. 왜냐하면 여자들이 기본적으로 남자로서 이성에게 느끼는 매력이나 행동이 있기 때문이다.

또한 반대로 가짜 선수나 바람둥이가 아니라 진짜 선수라는 가정 하에서 데이트를 해 본다면, 왜 여자들이 그를 좋아하는지에 대해 어느 정도 감을 잡을 수 있을 것이다. 남녀 모두 이성을 보는 기준이나 느끼게 되는 기준의 척도에 있어서 취향은 각자 다르겠지만, 어느 정도의 공통분모가 있다는 것이다. 그래서 남자들의 취향, 아니 사람의 취향이나 특성이 워낙 다양하기 때문에 어느 것을 특정하여 말할 수는 없지만 공통분모가 될 만한 것들을 몇 가지 알아보았다.

첫 번째, 남자를 배려해 주는 말과 행동이다.

사실 상당히 많은 여자들이 남자들을 배려해 주고 생각해 주는 것은 알고 있지만, 그 기준이나 시점에 있어서가 문제이다. 대부분 처음 썸을 타거나 호감이 있어 만나게 되는 단계에서 약간은 밀당의 개념과 프레임으로 인해 자신의 스케줄에 맞추는 척할 수는 있지만, 만약 그 단계를 넘어서 연애로 가게 된다면 서로 합의를 통해 모든 것을 결정하는 것이 좋다.

예를 들어, "오빠가 우리 집 앞으로 와.", "당연히 남자가 사야지!", "남자가 해 줘야지." 하는 등의 발언은 남자가 오해할 수도 있다.

두 번째, 먼저 연락 및 전화하기이다.

이것 역시 처음 알게 된 사이가 아니라 어느 정도 친해지고 난 후에는, 늘 남자가 먼저 연락하는 구도에서 여자가 먼저 전화를 한다면 매우 큰 기쁨을 안겨 줄 것이다. 자주 하는 것은 오히려 역효과지만 아주 가끔씩 "오빠 생각나서 전화했어."라고 한다면, 남자는 자신에 대한 여자의 호감 척도를 몰라 고민하다가 여자의 연락에 매우 크게 기뻐할 것이다.

세 번째, 데이트 비용을 부담하거나 데이트 코스를 짜 오는 것이다.

사실 데이트 코스를 선정하고 어떻게 리드해야 할까 하는 고민은 늘 남자들의 숙제이다. 물론 여자 입장에서는 남자를 시험하거나 취향 등을 볼 수 있는 좋은 기회이지만, 썸을 타는 단계이거나 호감의 단계에서 여자가 먼저 데이트 코스를 짜 온다면 남자는 아마도 색다른 기분과 느낌을 받게 될 것이다.

또한 밥을 먹고 난 후 여자가 먼저 조용히 계산하고 화장실에 갔다가 온 후 나갈 때가 되었을 때의 상황을 생각해 보자.

남자: 우리 이제 영화 보러 갈까?

여자: 응, 그래.

남자: (계산대 앞에서 계산하려고 지갑을 꺼낸다.)

직원: 계산은 이미 하셨습니다.

생각지도 못한 상황 전개에 남자는 어리둥절해질 것이다. 그러면 당신은 조용히 이렇게 말하면 된다.

여자: (웃으며) 내가 계산했어. 오빠가 저번에 나 맛난 거 사 줘서 이번에는 내가 사려고 했어.

이렇게 말하면 남자는 정말 크게 기뻐할 것이다. 가끔 여자들이 돈 쓰는 것을 기분 나쁘거나 자존심 상하게 생각하는 남자들이 가끔 있는

데, 그런 남자는 일부이고 대부분은 좋아한다는 것이 일반적이고 보편적이다.

　만약 남자가 싫어한다면 다음부터 안 하면 그만인데, 같은 남자가 보았을 때 물론 취향이 저마다 다르고 다양하겠지만 필요 이상으로 자격지심을 느끼는 것은 그 원인에 대해서 조금은 알아보아야 될 것이다. 남자를 무시해서가 아니라 남자의 선물이나 호의에 보답한다는 의미의 뜻이라는 것은 누구나 다 아는 일반 상식인데, 그것을 받아들이지 못하고 필요 이상으로 자격지심을 느끼거나 화를 낸다는 것은 조금 이상하기 때문이다.

　또한 단순히 밥값을 내는 것 그 특정 부분뿐만 아니라 다른 모든 부분에서도 자격지심이 많은 남자일 수도 있다. 경제적이거나 육체적으로 조금 힘든 남자는 만날 수 있지만, 정신적으로 문제가 있는 남자를 만나는 것은 아주 심각한 문제가 따른다. 따라서 그런 남지는 만나지 않는 것이 좋다.

대체 무엇이
남자가 여자를 좋아하게 만드는가?

대체 무엇이 남자가 여자를 좋아하게 만드는 걸까? 이 물음에 대한 답변은 사실 유혹의 심리와 기초에 가장 필수 코스라고 할 수 있는 남자의 심리에서 출발한다.

그동안 남녀 심리는 인간관계에만 한정되어 있어 남자의 알 수 없는 행동과 태도를 도저히 풀지 못했지만, 진화심리학이 나오면서 그동안 미스터리로 여겨지고 뜬구름 잡는 것만 같았던 이론이 풀리기 시작했다. 그래서 지금부터 진화심리학과 진화생물학의 관점에서 남녀에 대해 설명해 보겠다.

인류의 기나긴 역사 동안 수많은 전쟁이 있었지만, 지금까지 계속되는 전쟁이 세 가지 있다. 종교, 영토 그리고 사랑이다. 수많은 수강생들이 필자의 명언으로 꼽는 1위의 말은 "사랑은 전쟁이다."라는 말이다. 사랑은 결코 행복한 것이 아니라, 하나의 군사작전이고 전투이다. 사랑은 전쟁이며 하나의 군사작전이라고 결론 내리는 이유는 무엇일까?

그것은 어디까지나 사랑이 이루어지는 결말을 만들어 냈기 때문에 가능한 것이다. 사랑이라는 감정, 연애라는 감정을 느끼게 된다는 것은 사람을 아주 설레게는 하지만, 사실상 그것은 기대심과 설렘만을 줄 뿐이지 실제로 행복한 것은 아니다. 행복이라는 것은 사랑을 쟁취했을 때, 그를 가졌을 때 느끼는 것이지 결코 짝사랑이 행복하지는 않다. 전투도 사랑도 이겨야만 행복한 것이지, 진행 중이라면 매우 힘든 일일 것이다.

이 전쟁과도 같은 사랑의 시작점은 무엇일까? 바로 오랜 시간 동안 여자들은 남자들을 상대하면서 '조금 더 우수한 유전자' 그리고 '생존으로부터 나를 지켜 줄 수 있는가?'에서 연유하는 것이다. 물론 남자의 착한 마음씨에 감동을 받아서 사랑을 느낄 수도 있겠지만, 남자의 외적인 스타일이나 능력 그리고 가치관이 비슷한 남자를 아마도 더 선택하게 될 것이다.

대부분의 남자들 역시도 그녀의 착한 마음보다는 외모와 몸매에 조금은 더 먼저 매력을 느낄 것이다. 남자는 근본적으로 아름다운 여자를 찾아다니게 되어 있다.

왜 남자는 아름다운 여자를 찾는 걸까? 혹시 여자의 몸매를 보면서 몸매가 참 탄탄하다고 느낀 적이 있는가? 남자들은 마른 여자보다 약간은 탄력적이고 탄탄한 골반과 허벅지, 볼륨감이 있는 가슴을 가진 여자를 좋아한다. 우리는 가슴이 크고 골반과 허벅지가 탄력적이고 풍만한 여성을 예쁜 여자라고 부른다. 왜 남자들은 이런 여자를 좋아할까? 일명 34-24-36의 몸매를 가진 여성이 유전자를 가장 우수하고 건강하게 착란 받는다고 남자들의 유전자에 본능으로 기억되어 있기 때문이다.

　남자는 원시시대 때부터 자신의 자손을 잘 양육해 줄 수 있는 이성을 찾았다. 우리 선조는 그런 여성이 성적 매력이 뛰어나고 출산에 적합하며 건강하다는 것을 경험으로 알게 되었고, 그런 여성을 찾는 데 익숙해졌다. 즉, 가슴이 풍만하고 엉덩이와 허벅지가 탄력적인 여성을 보면 매력을 느끼는 것은 그러한 여성이 성적 매력과 가치가 있다는 것을 경험한 우리 선조들의 유전자가 기억을 머금고 지금 남자들의 몸에 전해졌기 때문이다.

　여자들 또한 수천 년 동안 본능적으로 자신을 시켜 수고 우수한 유전자를 받는 것이 종족 번식에 유리하다는 사실을 알게 되었다. 그래서 강력한 힘이나 권력을 가진 남자에게 많은 호감을 느끼게 되었다. 여자는 사회적 증명에 의해 좋은 위치에 있는 남자인지 알아보는 데 많은 감각이 발달되어 있다.

　여자 또한 우수한 유전자를 전해 줄 남자를 어떻게 찾을까? 사회적 증명으로 높은 위치에 있는 남자를 좋아하지만, 그것이 안 될 때는 1차적으로 눈에 보이는 사회적 증명으로 높은 위치에 올라갈 가능성이나 잠재력이 있는 남자를 판단한다. 이때 그런 기준을 자신감과 행동, 모든 것에 당당하다는 것으로 삼게 된다. 왜냐하면 사회적으로 지위가 높은 남자들은 대부분 당당하고 자신감이 넘쳤기 때문이다.

남자가 반하는
여자들의 매력 포인트

남자가 여자에게 반하게 되는 것은 앞에서 언급했듯이 진화심리학에 근거한 본능적 매력 요건 등이 있다. 그러나 사랑이라는 것은 아주 아이러니하게도 기계나 공부, 업무 성과랑은 완전히 다른 것이다.

전 과목을 모두 만점 받으면 당연히 서울대에 입학하는 것이고, 기계에 대해서 완벽하게 알면 당연히 새로 만들 수 있고, 아무리 망가져도 멀쩡하게 고칠 수 있다. 그러나 '연애의 최고 고수'라는 표현이 과연 적절한지는 모르겠으나, 그런 사람들이라 할지라도 실상은 사랑 앞에서, 앞에서 말한 것처럼 능수능란하게 창조하고 파괴할 수 없다.

이유는 간단하다. 사랑이라는 것은 '감정'이기 때문이다.

필자는 자기계발을 열심히 하고 연애의 기술에 대해 잘 알아서 자신의 이상형에 제일 가까운 연인을 만나 행복하게 사는 것이 궁극의 목표라고 늘 가르쳐 왔고 그렇게 여겨 왔다.

그러나 오랜 시간이 흘러 더욱더 많은 커플들을 만나고 상담하고 이야기를 들어 보니, 아주 아이러니하게도 절반에 가까운 커플들이 원래 자신의 이상형과는 거리가 먼 커플과 행복하게 살고 있었다.

처음 필자의 상식으로는 '연애 패배자인가?', 혹은 '무엇인가 실수해서 끌려다니는 건가?'라고 치부했지만, 물건을 선택하듯이 객관적으로 딱딱 맞아떨어지는 것이 아니라 많은 시간을 함께하면서 여러 가지 경험을 같이 하면서 커플이 되는 경우도 아주 많다는 사실을 알게 되었다. 그리고 이러한 만남으로 이루어진 사랑은 동거나 결혼으로 이어지는 등 대체로 행복한 삶이었다.

이런 것에 연유하여 새롭게 다시 생각하는 계기가 마련되었고, 필자처럼 이상형만을 고집해서 이성을 유혹하는 방식이 아니라 추억과 정에 이끌리어 사랑하게 되는 다른 사람들의 상황도 연구하게 되었다.

그중에서 여자가 남자에게 호감을 느끼게 되는 것을 제외하고 남자가 여자에게 호감을 느끼고 반하게 되는 매력 포인트에 대해서 알아보는데, 이 책에서 알게 되는 특정 유혹의 기술을 제외하고 그밖에 보편적으로 짚고 넘어가야 될 것들을 몇 가지 점검해 보자.

첫 번째, 무조건 상냥함이다.

이 상냥함에 당해 낼 장사가 없다. 필자 역시 거래처나 회사에서 동료를 상대하지만, 처음에는 예쁜 여성이 당연히 인기를 얻는다. 그러나 시간이 흘러 점점 사람들의 호감과 칭찬을 독차지하는 여성은 상냥한 여자였다. 겉으로는 아닌 척하지만 그 여성이 점점 더 호감이 가는 것은 거부할 수 없는 기정사실이다.

두 번째, 리액션이다.

어느 누구를 만나든지 친하게 지내라는 것은 아니다. 영업사원이 아니라면 그 누구를 만나든지 다 잘 지내려고 노력할 필요는 없다. 그러나 상대방이 이야기하는데 관심을 가지지 않고 다른 말을 하거나 투명하게 대한다면 '혹시 나를 싫어하나?'라고 생각할 것이다. 남자는 누구나 다 자신의 말에 웃어 주고 잘 들어 주는 사람, 특히 이성에게 더 잘 이끌린다.

세 번째는 칭찬과 신뢰이다.

상대방이 이야기할 때 늘 상냥한 모습으로 잘 들어 주면서 자연스럽게 "왠지 잘할 거 같았어요. 잘될 줄 알았어요, ○○씨."라고 한다면 남자는 매우 크게 기뻐하며 여자를 볼 것이다. 그때 믿음과 신뢰에 찬 눈빛으로 상대의 두 눈을 바라봐 준다면, 남자는 매우 기분이 좋아지면서 책임감까지 느끼게 될 것이다. 당신 앞에서만큼은 더 잘하고 싶고, 당신을 실망시키고 싶지 않아 할 것이다.

이런 기분 좋은 감정, 흥분되는 감정, 인정받고 알아주는 감정 등이 조금씩 쌓이게 된다면, 외모만 보고 좋아하는 남자라 할지라도 상당수는 그 여자와 사랑에 빠질 것이다.

남자가 딱 질리는
스타일과 진짜 이유

연인이 연애를 하면서 생기는 가장 큰 숙제 중 하나가 권태기나 익숙해짐이라고 할 수 있다. 이 기간에 서로 사랑하는 마음이 작을수록 이별로 연결될 확률도 크다. 그러므로 남자가 여자에게 질리는 이유라고 하기보다는 남녀가 서로에 대한 감정의 기복이 언제 가장 많이 하락하고 이것을 극복하지 못해서 이별로 연결되는가 하는 것이 중요할 것이다.

너무너무 사랑한다면, 100일이나 200일은 무난하게 넘길 것이다. 그러나 1년이 가장 큰 고비라고 할 수 있다. 1년이면 무엇인가 다 알게 되고 다 정리되는 기간이기 때문이다.

보통 남자는 여자를 처음 보았을 때를 시작점으로 점점 감정이 상승한다. 반대로 여자는 아무 반응이 없다가 조금씩 그 남자를 알아 가면서 감정이 생기는데, 6개월 정도에 남자의 감정이 정점을 찍고 조금씩 내려온다고 가정해 보자.

그럼 여자는 남자의 감정과는 상관없이 조금씩 감정이 상승해 6개월이 된 시점에는 남자가 여자를 좋아하는 마음보다 여자가 남자를 좋아하는 감정이 더 크게 되는 교차점이 될 것이고, 1년 정도 되었을 때는 남자가 여자에게 감정이 식을 것이고 여자는 최고조에 달할 것이다. 이 시점에 남자에게서 이별 통보를 받게 된다면 여자는 매우 크게 실망하며 분노할 것이다.

사실 이 예시가 가정이기는 하나, 많은 커플들이 대체적이고 공통적으로 겪는 일들 중에 하나이다. 그럼 오직 이별의 현상을 남자의 감정에만 맡기고, 여자는 이별 앞에서 남자의 선택만 기다려야 하는 것일까? 그 문제는 물론 남자의 문제도 있지만, 여자가 어떻게 처음부터 대응하느냐에 따라서 달라질 수도 있다는 것이다.

모든 남자들이 진화심리학에 근거하여 새로운 여자들을 다 찾아나서는 것은 아니다. 남자에게 있어서도 새로운 여자를 다시 만나고 썸을 타고 유혹하는 일련의 과정은 정말 번거롭고 힘든 일일 수도 있기 때문이다. 즉, 헤어지고 싶어서 1년이 되었을 때 버려지는 것이 아니라, 감정이 식으니 자연히 연락도 멀어지고, 또 그렇게 연락이 멀어지니 만남의 횟수도 줄어드는 것이다. 좋아하는 마음이 아무리 충만해도 몸이 멀어지면 마음도 멀어지는 것이 당연한 원리이기 때문이다.

그럼 처음에는 불꽃같이 나에게 좋다고 매달리던 그 남자가 왜 1년이 지나고 나면 감정이 식고 이별로 연결되는 것일까? 일단 남자의 문제는 남자 연애지침서에서 다루기로 하고, 이 책은 여자를 위한 연애지침서인 만큼 여자들을 위하여 '남자들이 말하는 여자의 질리는 행동'에 대해 다루어 보기로 한다.

가장 대표적이고 핵심적인 것이 남자친구로서의 남자친구로서의 의무를 이행할 것을 강요하는 상황이다. 조금씩 말만 다를 뿐, 결국은 이 한 문장으로 표현할 수 있다. 처음 썸을 타거나 서로 이끌려 유혹하는 단계에서는 남자도 여자도 서로에게 잘 보이기 위해 많은 투자를 감행할 것이다. 여자가 남자에게 많은 요구를 한다면, 남자의 입장에서는 좋아하는 마음에 요구 사항을 들어줄 것이다.

그런데 이러한 과도한 요구가 연애하는 기간에도 계속해서 지속된다면 당연히 지치게 되어 있다. 모든 데이트 비용을 남자친구에게 전가한다든지 매번 집 앞에 데리러 가거나 데려다준다는 것은 사실 남자의 입장에서는 피곤할 일일 것이다.

특히나 매번 집 앞에 데리러 가거나 데려다준다는 것은 그 여자를 정말 사랑하기 때문에 그러한 번거로움과 힘듦 정도는 감내할 수도 있지만, 한편으로는 여자 입장에서 의구심이 들 수도 있다. '정말 내 여자를 믿는다면, 내 사람이라고 확신한다면, 그렇게까지 할 필요가 있을까?'라는 생각도 들 수도 있고, 다른 한편으로 '결혼 후에도 정말 아내가 자유롭게 사회생활을 하는 것을 용인할 수 있을까?' 하는 의문도 들 것이다.

여자들은 과도한 친절을 마냥 좋게 사랑의 척도로 생각할 것만은 아니라는 것이다. 일반 상식으로 생각했을 때, 과도하게 같은 행동을 끊임없이 변함없이 한다는 것은 무엇인가 이상하게 느껴지며, 집착이나 구속이 아닐까 하는 합리적인 의심이 들기 때문이다.

이렇듯이 여자가 과도하게 남자친구에게 무엇인가를 요구한다면 남자가 지칠 것이고, 반대로 남자가 과도하게 여자에게 무엇인가를 해준다는 것도 사실 부담스럽거나 마음 한구석에 석연찮은 의구심이 들 수도 있을 것이다.

어느 정도 연애의 기간이 되면, 남자에게 요구하기보다는 연인으로서의 책임을 같이 지는 것이 정답이다. 특히 다른 남자와 비교한다든지 연애가 지속되고 있는 사이임에도 남자의 입장은 생각하지 않고 끊임없이 자기만을 생각하면서 사랑의 척도를 제시하는 것은 남자가 지치게 되는 가장 큰 이유이자, 이별의 원인이 되기 때문이다.

7부

나를 더 사랑하고 아껴 주는
궁극의 기술

'궁극의 기술' 1
자존감 낮은 사람의 연애 특징

연애에 있어서 어느 정도의 기간이 지나고 나면, 대부분은 1차적인 외모 호감이나 외적으로 보이는 모습에서 벗어나 그 사람의 내적 매력에 대해서 알아 가기 시작한다. 예를 들어, 아무리 멋시다고 하더라도 성격이 정반대의 사람이라면 자주 다투게 되고 씨우는 일이 늘어날 것이나.

이것을 방지하기 위해서 서로를 알아 가야 된다고 말하지만, 사실 알아 가고 있는 단계는 서로를 이해하는 방법일 뿐 연인으로서 계속적으로 이어 가거나 호감을 지속해 줄 수는 없다. 친구나 동료 사이라면 서로를 이해하고 잘 알아 가는 것이 업무나 팀워크에도 도움이 되겠지만, 연인 사이는 서로를 잘 알아 가면서 동시에 호감이 유지되고 상승되어야 하기 때문이다.

그래서 단순히 잘해주는 것만으로는 부족하다. 대다수는 남자의 기를 세워 주고 인정해 주어야 한다는 조언을 듣겠지만, 오히려 일방적으로 그렇게 하다가는 스트레스가 쌓여 언제 분노하게 될지도 모르는 일촉즉발의 상황이 연출되곤 한다.

무조건적으로 남자에게 잘해주는 것은 물론 처음에는 호감을 급상승시킬 수 있다. 그러나 얼마 가지 못해 식상함과 지겨움에 더 큰 화를 불러올 수 있는 당연함이 수반되게 되어 있다. 단순히 잘해주고 무조건 참아 주고 칭찬해 주었다가는 시녀로 전락할 수도 있다.

따라서 그 남자에게 확실한 기준을 제시하고 그것에 부합했을 때는 큰 상을 주고, 부합하지 못했을 때는 벌을 주는 것이 장기적으로 보았을 때 더 합당하다고 할 것이다.

예를 들어, 남자가 약속 시간에 일찍 와서 기다리고 데이트 준비를 많이 했다면 칭찬을 해 줄 수도 있을 것이다. 그러나 일 때문에 데이트에 늦는다면 그것은 너그러이 용서해 줄 수도 있겠지만 연락이나 관심이 뜸한 것에는 확실한 벌이 수반되어야 한다, 그 남자를 잡기 위해 더 잘해주었다가는 오히려 더 만만하게 보고 더 죄의식 없이 그런 행동을 지속할 수 있다는 것이다.

확실한 기준을 제시하고 잘못된 행동을 했을 때는 그만큼의 비호감을 보내거나 벌을 주는 것이 좋다. 최소한 '나, 화나 있으니 조심해!'라는 경고는 보내는 것이다.

'궁극의 기술' 2
결혼&연애 오래갈 수 있는 방법

아무리 잘나가는 커리어우먼도 미스코리아도 당해 내지 못하는 남자의 본능이 있다. 이것은 없던 감정도 생기게 하고 때로는 목숨까지도 걸게 할 수 있는 매우 마법과도 같은 남자의 내면 깊숙한 곳에 누구나 자리 잡고 있는 본성, 즉 보호 본능이다.

이 남자가 잘나서가 아니라, 이 남자는 왠지 나 아니면 안 될 것 같고, 나 없으면 힘들어질 것 같은 그런 남자 말이다. 많은 사람들이 알고 있듯, 여성에게는 모성애가 있어 이러한 남자의 보호 본능에 더욱 민감하게 반응한다.

사실 남자에게 가르치는 유혹의 기술 중에는 처음 유혹의 단계에서 호감을 이끌어 내기 위해서 강하거나 세 보이거나 다른 남자 경쟁자들보다 더 우위에 있음을 증명하기 위해 과시하는 방법이 있기는 하지만, 연애를 지속하다 보면 모성애를 자극하기 위한 여러 가지 방법들도 존재한다.

저 사람은 나 없이도 잘 살고 다른 여자 만나서 잘 살겠지만, 왠지 이 사람은 나 없으면 안 될 것 같은, 그래서 내가 옆에 계속 있어 주어야 한다는 것을 느끼게 해 주는 것도 연애의 기술이라고 강조하고 가르친다.

그런데 이러한 연애의 기술은 남자가 여자에게만 할 수 있는 것이 아니라, 여자가 남자에게 할 수도 있는 것이다. 모든 남자들이 여성이 모성애를 가지고 있듯이 보호 본능이 있다. 누군가를 지켜 줌으로써 자신의 가치를 증명하거나 인정받거나 보람을 느끼게 되는 것이다.

꼭 작고 귀여운 스타일이 아니더라도 "오빠, 이거 도와주실 수 있나요?"라고 한 다음, 도움을 받고 난 후에 매우 고마워하고 기뻐한다면 남자는 엄청난 보람을 느끼게 되고 다음에도 당신을 도와주어야 한다는 책임감을 가지게 되는 것이다.

호감의 단계에서 이런 작은 것부터 시작해 연애로 이어지면서 남자에게 큰 보람을 느끼게 할 수 있는데, 이것은 완전히 생존이나 경제적으로 의존하는 것을 말하는 것이 아니다. 보호 본능을 불러일으키는 것과, 생존과 경제적인 측면을 남자에게 전가하거나 의존하는 것은 다르다. 경제적으로 의존하는 것은 남자에게 너무나도 큰 부담과 무거운 짐을 지우게 하는 것이다.

자신의 일이나 직업에 열심히 하면서도 조금씩 남자가 도와주거나 할 수 있는 일에 큰 의미를 부여해 주고 칭찬해 준다면, 남자는 더욱더 '그녀에게는 내가 필요하겠구나!'라고 생각하고 믿게 된다는 것이다.

물론 여자 혼자서 할 수 있는 일이라 할지라도 같이하면서 더 보람도 느끼고 남자에게 주도권을 주면서 "우리 오빠, 최고야!"라고 하든지 "오빠는 정말 잘해."라고 칭찬한다면, 남자는 모든 일에 있어서 더욱더 여자를 도와주고 싶어 할 것이다.

그 원리를 이용해 가사나 육아, 살림 등에 적용한다면 남자는 더 쉽게 참여할 수 있게 된다. 정확하게 "오빠, 설거지 너무 잘했네!"라고 한다면 남자는 '아, 내가 설거지를 정말 잘했구나. 다음에도 이같이 해야지!'라고 마음먹게 된다는 것이다. 또 "오빠, 마트에 가서 간장이랑 콜라 한 병 사다 주면 안 돼?"라고 한다면 남자가 샀다 왔을 때, "우리 오빠, 잘했어. 고마워, 오빠가 이렇게 도와주니 내가 너무 편한 것 같아."라고 특정한 행위에 대해서 정확하게 칭찬을 해 주면 남자는 더 열심히 한다는 것이다.

물론 이렇게 생각할 수도 있을 것이다. '당연히 그런 거는 도와주거나 남자가 해야죠!'라고 하는 사람도 있겠지만, 무엇이든 원만하게 하는 기술이나 노하우가 있듯이 조금 더 남자를 노련하게 대할 줄 알게 된다면 아마도 편안하게 사랑을 이어 갈 수 있을 것이다.

'궁극의 기술' 3
연애에서 자신을 잃지 않는 법

필자는 한때 이런 생각을 해 본 적이 있다. 내가 더 높은 사회적 지위와 더 높은 경제적 위치에 도달하게 된 후 만나게 되는 여성은 그 수준도 더 높아지고, 더 예쁘고 완벽에 가까운 정말 꿈에 그리는 이상형을 만나게 되어 행복한 연애를 하고 결혼하게 될 것이라는 생각이었다.

그리고 연애의 기술을 익히고 터득하면서 10년이라는 시간이 흘렀지만, 지금에야 깨닫게 된 것은 '이 세상에 완벽한 사람은 없다'는 이 단순한 진리였다. 지금 이 책을 읽고 있는 독자분이라면 "아, 연애고수인 줄 알았는데 이런 걸 진리라고 깨닫다니 정말 실망했어."라고 말할 수도 있을 것이다.

그럼에도 불구하고 다시 한번 더 강조해 주고 싶은 말은 이 세상에 완벽한 사람과 사랑은 없다는 것이다. 만약 그런 완벽한 사람이 있다면 이미 20세에 결혼을 했을 것이다. 그런 완벽한 사람이라면 그가 남자이건 여자이건 상대방이 절대 놓아주지 않았을 것이기 때문이다.

수많은 연애 경험을 하면서 지난날을 뒤돌아보았을 때, 이제 와서 '아! 정말 그녀는 멋진 여자였는데, 더 많은 여자를 만나고 난 후에야 비로소 그 사실을 알게 되다니……'라고 생각한 적도 사실 많이 있었다.

그런데 남자뿐만 아니라 여자도 그런 시행착오를 거친다는 것이다. 더 높은 사회적 위치와 경제적 위치에 서게 된다면, 그 지위에 맞게 더 좋은 남자를 만나게 되는 것도 확실하다. 필자가 말하는 것은 그것이 나쁘다는 것이 아니다. 반드시 그렇게 해야 하고, 자신이 올라갈 수 있는 만큼 높이 올라가는 것도 정말 중요한 것이다. 그래야만이 좋은 남자, 수준 높은 남자도 만나게 되어 있기 때문이다.

하지만 그다음부터가 문제이다. 자신의 수준이나 위치를 높이는 것이 잘못되었다는 것이 아니라, 올라간 후 그다음부터가 문제라는 것이다.

사실 모든 것에는 어느 정도의 한계치가 있다. 이미 이룰 만큼 이루었거나 가질 만큼 가지게 되었다면, 그것에서 또 다른 전환점을 찾을 줄도 알아야 한다는 것이다. 즉, 좋은 남자들을 만날 수 있는 위치나 자리에 올라간다면 그곳에서 좋은 사람을 만나 사랑을 잘 이어 가는 것이 중요하다.

사랑이나 연애는 국가나 영토를 정복하듯이 혹은 경제가 성장하듯이 끝없이 올라가는 것은 아니다. 따라서 자신의 한계치를 알고 사랑하고, 또 결혼할 때를 알고 그때를 놓치지 않는다면 정말 바람직한 인생이 될 수 있다.

너무 완벽한 사랑을 찾거나 기다린다면, 그것은 환상을 찾는 것과 같을 것이다. 또한 결혼 적령기를 놓치게 된다면 더욱더 어려워질 수 있다. 그런 측면에서 본다면, 사실 한가하게 지낼 시간이 없다.

자기계발에 집중하고 취업하고 성공을 이루고 좋은 인연을 찾는 일련의 과정이 제때에 이루어지는 것이 그렇게 쉽지 않다. 부지런해야 한다. 그렇게 해서 가장 좋은 사람을 만났을 때, 그리고 내가 이성으로써 가장 주가가 높을 때 그 기준만을 믿고 상대방의 소중함을 모르게 된다면 또는 너무 완벽한 것을 원하거나 찾는다면 후회하게 될 수 있다는 것이다.

그래서 사랑을 이루고 유지하는 가장 기본 중의 기본, 필자가 10년 동안 연애의 기술을 연구하면서 다시 원점으로 돌아왔을 때 깨달은 그것은 바로, 그 사람 자체도 이해해 주고 인정해 주고 맞추어 줄 수 있는 준비도 같이 되어 있어야 한다는 것이다.

'궁극의 기술' 4
현실과 미래 사랑에 대한 결론

밀고 당기기와 보호 본능 그리고 그 사람 자체를 이해해 주고 인정해 줄 준비가 되어 있다면, 기본적으로 사랑할 자격과 그 사랑을 유지할 역량이 있다고 볼 수 있다. 그러나 마지막 한 가지가 남아 있다. 그것은 바로 '비전'이다. 연애 서적에서 무슨 갑자기 비전이나 미래를 이야기하느냐고 따져 물을 수도 있겠지만, 진지한 커플일수록 앞으로 서로 간의 비전과 미래에 대한 고민을 더 끊임없이 해야 한다고 강조하고 싶다.

사실 현실적인 문제는 그 어떤 순수하고 지독한 사랑도 찢어 놓을 수 있다. 그 어떤 천하장사도 세월 앞에서는 장사 없듯이 그 어떤 지독한 사랑도 가난 앞에서는 이겨 낼 장사가 없다고 말해 주고 싶다.

필자는 한때 매우 놀라운 이야기를 들은 적이 있다. 늘 남자들 마음 한구석에는 이루지 못한 첫사랑에 대한 그리움이 있다. 그리움? 솔직히 그리움이 아니라 그 어린 나이에는 돈도 없고 권력도 없고 사회적 능력도 없어서 그녀를 지켜 주지 못했다는 죄책감이 사실상 더 크다. 그리움이라고 쓰지만, 마음 한구석에는 지켜 주지 못한 것에 대한 죄책감이 자리 잡고 있는 것이다.

그런데 이것은 남자만 가지고 있는 것이 아니라, 여자 역시도 그 당시 서로 어린 나이에 어떻게 해결해야 할지 잘 모르던 그 시절을 떠올리면서 여자도 그리워하거나 아쉬워한다는 것이었다. 30대 커플이었다면 아주 간단하게 해결하고 넘어갈 사안에 대해서 어린 시절 첫사랑과는 그 해결법을 모르고 감정 조절법을 몰라, 서로를 이해하지 못한 채 크게 부딪치고 결국에는 상처를 주고 이별을 고하고 만 것이다.

그런데 내가 아직도 성숙하지 못한 사람이라면, 그래서 다시 그러한 상황이 닥쳤을 때 도저히 헤쳐나갈 힘이 없다면 어떻게 될까?

만약 당신이 성숙한 상태에서 남자가 연애 경험이 부족하거나 여자의 마음을 잘 모른다면, 최소한 당신이 도와주거나 조언해 주거나 이해해 주고 기다려 줄 수도 있을 것이다. 그 시기를 어떻게 넘기느냐에 따라서 앞으로 사랑이 결정된다는 것은 이미 다 알고 있는 사실이다. 그렇기 때문에 현실적인 문제는 도저히 그냥 지나칠 수가 없다.

앞으로 더욱더 함께하고 싶은 남자라면, 둘이 같이 살아갈 비전에 대해서 이야기하고 미래를 꿈꾸고 함께 실현해 나간다면, 남자 역시도 매우 열심히 사회생활에 임하게 될 것이고 당신의 기대에 부응하거나 기대에 부끄럽지 않은 남자가 되어 갈 것이다. 남자에게 확실한 비전과 미래를 설계하고 바라보게 된다면 둘의 사랑은 자연스럽게 더욱더 단단해지지 않을까 싶다.

8부

남녀교제술
썸남 썸녀 탐구생활

3초만 쳐다보면
오해하는 이성의 심리

누군가에게는 희망의 메시지가 되기도 하고 누군가에게는 귀찮은 짜증의 대상이 되기도 하는 시선! 이 시선을 가지고도 남자 연애전문가와 여자 연애전문가들은 정반대의 입장을 가지고 있다.

남자는 자기애가 여자보다 강하고 여자보다 더 자기중심적인 세계관을 가지고 있기 때문에 여자와 자주 3초 이상 시선이 마주치면 '멋있어서 자주 쳐다보는구나.', '좋아해서 자주 보는구나.'라고 착각한다는 것이다.

실제로 멋진 남녀가 나오는 영화를 보여주고 나서 설문조사를 하면 남자들의 절반은 영화 주인공의 일부 행동과 장면이 '자신의 전성기' 시절 일화를 보는 것 같다.라는 말을 했다. 반대로 여자는 남자 주인공이 너무 멋지고 여자 주인공도 너무 예쁘다고 극찬을 하면서도 자신과는 전혀 다른 세상의 사람들로 인식하면서 나도 저런 사랑을 해 보거나 주인공 같은 사람을 만나보고 싶다고 상상할 뿐 남자처럼 '저건 내 이야기구나.' 하지는 않는다는 것이다.

여자는 남자들에게 인기가 많다는 것으로 자신의 가치를 증명하고자 한다. 일부 여자는 자신이 좋아하는 남자의 질투심을 유발하기 위해 자신을 좋아해 주는 남자에게 고백받았다는 사실을 이용하기도 한다. 인기가 많아 귀찮은 듯하지만 기분은 좋다고 하기도 한다.

인기남, 인기녀가 되고 싶고 그 인기로 사람들에게 추앙받거나 내가 좋아하는 이성이 나에게 좀 더 관심을 가져 주었으면 하는 성향은 남자 여자 모두 보이는 것이지 특별히 남녀 중 누가 더 강한 것은 아니다.

3초 이상 누군가를 쳐다보았을 때, 나를 좋아해서라고 착각하는 것은 남자 여자 중 어느 쪽이 더할까? 남녀 모두 착각한다. 좋아하는 남자의 관심을 끄는 방법 중 가장 강력하면서도 지금 당장 할 수 있는 2가지는 웃으면서 인사하는 것과 눈을 자주 마주치라는 것이다. 그다음은 기회가 되면 먼저 말을 걸거나 친절을 베풀라는 것이다. 간단하고도 강력한 방법인 것은 확실하다.

이 방법은 남녀 모두 '나를 좋아하나?'라고 한 번쯤은 생각하게 된다는 것이다. 결론적으로 사람이라면, 아니 생물이라면 모두 자신에게 관심을 가지고 잘해주는 이가 '나를 좋아하는구나.'라고 생각한다.

완벽한 거짓말:
'남자는 성격, 여자는 외모' 공식

남녀 모두 이성에게 끌리는 첫 번째 요소는 성격이나 가치관이 아니라 시각이라고 누누이 말했다. 여자 연애전문가는 "여자가 남자에게 반하는 순간은 향수죠, 매너죠, 수통 능력이죠."라는 말을 아무렇지도 않게 한다. 그리고는 자신은 잘생기고 경제력 있는 남자를 만난다.

항상 말하지만 남자나 여자나 후각, 청각, 매너 같은 것은 시각적으로 마음에 들어서 호감이 생겼다는 전제 하에서 그런 부수적인 요소들이 이른바 '심쿵'으로 다가온다는 것을 알아야 한다. 여자는 남자를 볼 때 일단은 자신을 좋아해 주는 남자들 중에서 선택하는 경향이 많이 있고, 자신이 좋아하는 요소보다는 'ㅇㅇ만은 아니었으면…'이라는 성향이 강하다.

반대로 남자는 첫눈에 '어? 예쁘다, 내 이상형이다.'라고 판단하고 좋아한다. 많은 여자들 중에 자신의 이상형에 가장 부합하는 여자를 빨리 찾아서 공략하는 것으로 진화를 했기 때문에 자신만의 이상형이 항상 존재한다.

그럼 이런 질문을 하게 될 것이다. "정말 예쁘고 잘생겨야 되나요? 상대방의 이상형이나 싫어하는 요소를 만나 보지도 않고 어떻게 아나요?"

이에 대한 답은 만인의 연인 법칙으로 설명할 수 있다. A라는 단체의 '인기남 박모 씨'는 B 단체에 가더라도 최소한 '괜찮은 남자 박모 씨'라는 타이틀을 가지게 되어 있다. 여자 역시 C라는 단체에서 인기녀였다면 D 단체에 참가하더라도 적어도 괜찮은 여자라는 타이틀은 가지게 된다는 것이다.

이 사람이 보았을 때 괜찮은 이성은 다른 사람이 보았을 때도 괜찮은 이성이라는 공식인데 이것은 검증된 진실이다.

즉 누가 보아도 깔끔하거나 멋지게 꾸민다면 적어도 보자마자 비호감의 표시를 받지는 않는다는 것이다. 그것을 전제로 연애의 기술이 구사 가능한 것이지, 첫인상 첫 대면에서 극도의 비호감 이미지를 보인다면 그 어떤 후각, 청각적인 심쿵 요소들이라 해도 진상으로 여겨질 것이다.

외국 남녀 VS.
한국 남녀 10%의 차이

먼저 인종이나 국가를 특정하는 것이 우열을 나누려는 의도가 아니라 필자의 개인적인 느낌이라는 것을 밝히고, 사례별로 다를 수 있음을 알린다.

소설이나 드라마, 영화 등에서 우리와 많이 다른 외국의 자유분방한 문화와 남녀교제의 모습을 접하고 큰 충격을 받았을 것이다. 가정에서 부모와 자식 간의 스스럼없는 소통이라든지, 셰어하우스에 여러 인종이 모여 살며 마치 무지개처럼 조화를 이루는 모습까지 말이다.

외국의 어떤 여자는 헤어진 연인의 친구나 지인들과 아직도 연락하면서 친구로 지내고, 아버지의 새로운 여자친구와의 결혼식에 참석하는데 현재 남자친구와 같이 가자고 권유하는 등 한국 남녀가 보았을 때는 도무지 이해할 수 없기에 막장도 이런 막장이 없다면서 보수적인 프레임을 씌운다.

이제부터 외국문화에 대해서 살펴보자.

먼저 백인 남녀는 이성친구를 고를 때 어떤 상황을 불문하고 같은 백인을 1위로 선택한다. 이는 한국 남녀가 교제상대로 같은 한국 남녀를 1위로 생각하고 외국 사람은 2순위인 것과 같은 이치이다. 그들이 한국 남녀보다 월등히 우월한 이성적 매력이 있다면 순위가 바뀌겠지만 말이다.

외국인 이성친구와 사귀게 되면 가족 갈등, 남녀평등이 모두 실현되고 자유로운 생활이 가능하다고 생각할 수도 있을 것이다. 하지만 외국의 가정도 한국의 가정과 그 형식상의 모습만 다를 뿐, 엄연히 가장으로서의 역할, 아내로서의 역할, 친인척에게 예우를 해야 되는 것 등은 같다고 보아야 한다.

한국의 문화를 모두 부정하고 맹목적으로 외국의 특정한 문화를 동경하는 것은 마치 외국인들이 한국 드라마를 보고 한국 사람과 문화 전체가 저렇다고 상상하는 것과 같은 이치라는 것을 알아야 한다. 외국 여자가 한국 남자는 다 잘생기고 매너가 좋으냐고 물어보거나, 외국 남자가 한국 여자는 다 걸 그룹처럼 예쁘고 춤을 잘 추느냐고 하면 아니라고 대답해야 사실이다.

한국인이 보았을 때 막장인 드라마는 미국이나 유럽인이 보아도 막장이다. 또한 앞에서 예를 든 어느 외국 여자의 삶과 같은 일이 실제 일어난다면, 한국에서도 가정교육을 걱정하듯이 미국과 유럽에서도 똑같이 자녀의 성장 정서와 가정교육을 걱정한다는 것을 알아야 한다. 정상적인 미국과 유럽의 가정에서도 한국과 형식만 다를 뿐 보편적으로 추구하는 인간관계 유지 형태는 같다는 것이다.

결론은 이것이다. 외국 남녀는 다를 것이라고? 외국 남녀도 한국 남녀와 똑같은 고민을 하고 똑같은 행복을 느낀다. 그것도 놀라울 정도로 말이다. 단지 국가와 문화의 차이로 나타나는 10%의 형식만 다를 뿐 형태는 같다.

필자가 꼭 해 주고 싶은 말은, 한국만 유독 어떤 문제로 남녀가 괴로운 것도 아니고 한국 남녀가 유난히 연애가 어렵거나 쉬운 것도 아니라는 것이다. 우리가 걱정하고 고민하는 모든 문제는 외국 남녀도 똑같이 걱정하고 고민한다.

소개팅 & 데이트,
성공률 심리공식

　많은 연애칼럼에서 말하는 공통적인 공식 중 하나가 이성 관계에서 식사 후에는 뇌가 더 포만감을 느끼게 되니 고백이나 섹스에 더 유리하다는 관점이다. 물론 사람마다 다르겠지만 필자가 많은 이성을 유혹하고 회원들을 실전 지도하면서 이런 방법의 혜택은 거의 느껴본 적이 없다.

　만약 그 내용이 진실이라면 12년 동안 그 사실을 인지했을 것이고 반드시 회원들에게 가르쳤을 것이며 모든 이성을 만날 때 미리 밥을 먹고 만나라고 했을 것이다. 실제로 이성을 유혹하면서 설득하고 고백, 섹스의 단계에 이르는 과정에서 밥을 먹거나 술을 마신 후에 하면 더 잘된다는 말은 이해할 수 없다. 도움이 되지 않았기 때문이다.

　오히려 반드시 공복에 만나기를 추구했고, 늦은 밤에 만날수록 성공률은 더 높았다. 그것이 고백이든 섹스이든 말이다. 나를 이성적으로 좋아하게 하는 과정에서 공복에 만나서 맛있는 음식을 먹고 술을 같이 마시면 더 기분이 좋아진다는 것이지, 음식과 술 자체의 힘으로 나를 더 좋아하게 되는 것은 절대 아니다.

기본적으로 호감이 있다는 전제에서 대화가 너무 잘 이어져 가는데 먹고 마시는 음식과 술이 맛있다면 더 시너지 효과를 발휘하고, 포만감에 이르면 이성이 고백이나 섹스를 허락할 확률이 같이 높아지는 공식이지, 꼭 식후에 무엇인가를 하면 된다는 법칙은 아님을 알아야 한다.

서로가 좋아하는 사이라면, 오히려 공복일 때 음식보다도 상대방이 나를 좋아해 주는 사랑의 감정을 받고 싶어 하거나, 밥을 먹으러 같이 가자면서 더욱더 둘만 있고 싶어 하는 감정이 생긴다. 공복의 허전함이 오히려 감정적 보상으로 이어져 상대방의 사랑을 갈구하게 되는 경우도 많다는 것을 알아야 한다.

육체적으로 매우 굶주려서 밥을 먹고, 감정적으로 매우 굶주려서 섹스를 하고 난 이후를 한번 생각해 보라! 남녀 모두 모든 것이 귀찮고 방전 상태에 이르게 된다. 그제야 제정신을 차리고 급하게 과식을 하거나 섹스를 한 것을 후회하기도 한다.

정면으로 반박하자면, 식후에는 사람은 오히려 만사가 귀찮아진다는 것을 알아야 한다. 식후에 무엇인가 능동적인 데이트를 하기보다는 영화를 보거나 드라이브를 하는 등의 휴식 같은 즐거움이 있어야 한다.

사람은 무엇인가를 하기 전에 기대감과 하고자 하는 의지나 감정이 생긴다. 식사 전에는 무엇인가를 하게 된다는 기대감이 있다. 이벤트나 고백, 유혹 등의 행동에서 그다음을 궁금해하고 어서 거기에 도달하고 싶은 의지가 있다. 그러나 식사를 먼저 하고 나면 누구나 귀찮음과 포만감으로 인해 심리적으로 아쉬울 것이 없어지고 생각 또한 이성적으로 돌아온다는 결론이 내려진다.

9부

소개팅 연락 대화주제 100% 성공의 법칙 1

좋은 남녀를 알아보는
몇 가지 단서들

　처음 만남부터 서로에 대해 호감을 가지고 이해하기도 전부터 자신의 과거에 대해서 하나둘씩 고백하듯이 말하는 사람이 있다. "과거에 좋아하는 사람과 동거를 했는데 치였다", "과거 남자친구 때문에 유산을 한 적이 있다"는 등의 이야기를 하는 분들이 있다.

　어렸을 때 이성에 대한 이해도가 떨어졌을 때에는 왜 이런 이야기를 하는지 이해를 하지 못했다. "나보고 이런 전력이 있으니 알아서 나가 떨어지라는 건가?" 또는 "너를 진지하게 만나 볼 생각이 없어서 그냥 다 오픈하고 막 나가자는 거야. 나 이런 사람이라고…."라는 식으로 받아들였다.

　오랜 시간이 흘러서 이성을 계속 만나다 보니, 정말 나에게 불순한 의도로 접근하거나 착하지 않은 이성은 자신의 과거에 대해서 전혀 이야기하지 않는다는 사실을 알게 되었고, 오히려 눈치가 없을 정도로 자신의 과거에 대해서 솔직하게 이야기하는 이성은 적어도 나에게 거짓말을 하지 않는 착한 사람(연애의 순수도 측면에서)이라는 것을 알게 되었다.

자신의 과거에 대해서 솔직하게 말하는 사람이 들어 주는 입장에서 분명 좋은 이야기는 아니기 때문에 단지 불필요한 이야기를 묻지 않았는데도 다 고백하듯이 할 필요가 없다는 의미이다. 이성친구에게 왠지 거짓말을 하거나 속이는 기분이 들곤 한다면 이렇게 하라!

상대방이 받아들일 정도의 충분한 호감과 친분 정도가 필요하다. 예를 들어 사귀고 난 후 3개월, 6개월이 지난 후에 자신의 뼈아픈 연애사나 과거사를 이야기하는 것이 처음 만나서 바로 술술 이야기하는 것보다는 좋다.

반대로 이런 이야기를 하는 이성을 만나게 된다면 솔직하고 거짓 없는 사람으로 인식해 주는 것이 좋을 것이다. 이런 이성이 늑대나 여우처럼 자신을 멋지게 꾸미고 당신에게 달콤한 말만 하여 눈과 귀를 가리는 사람보다야 백배는 좋을 것이다.

이성이 이런 이야기를 한다면 너무 심각하게 새겨듣지 말고 웃으며 넘어가라! 다소 부족하거나 적절한 표현이나 내용은 아닐지라도 당신이 좋아서 솔직하고 숨김없이 고백했을 가능성이 상당히 높다.

그가 애프터를
할 거라는 사인

모든 남녀들이 만남을 가진 후 가장 확실한 호감의 반응은 바로 만남 후 연락이라고 할 수 있다. 남녀 중 누가 먼저 하든 상관없이 먼저 연락 온 쪽이 더 많은 호감을 가지고 있다고도 할 수 있다.

'남자가 먼저 연락하는 것이 매너이다'라는 이분법적 연애공식에 의해서가 아니라, 앞에서 언급한 진화심리학과 남녀의 습성으로 인해 학습되지 않아도 사실상 여자는 지금 이 순간을 가장 소중하게 여긴다고 할 수 있고, 남자는 그다음을 항상 먼저 본다고 할 수 있다. 따라서 만남 후 그다음에 대한 것을 더 중요하게 여기는 남자가 먼저 연락할 가능성이 높다.

연애의 기술이나 공식을 나눌 수 없는 사회나 시대에서도 남자가 먼저 다가가고 연락하는 것은 언제나 그랬다. 그런데 이런 공식이 이제는 상식으로 통하는 시대에 역으로 여자가 먼저 연락하고 또다시 만남을 제안한다면 남자는 매우 기뻐할 것이다.

물론 남자들마다 가치관이나 생각이 다르겠지만, 여자가 먼저 연락하고 만남을 제안하고 무엇인가를 주도적으로 이끄는 것을 좋아하는 남자도 많이 있다는 것이다. 여자의 입장에서 이렇게 먼저 연락이나 만남을 제안하는 것이 쉽지 않을 것이고 그렇게 한다는 것은 많이 좋아한다는 증거라는 것을 알기 때문에 매우 기뻐할 것이다.

소개팅에서
이성친구를 사수하라!

자신의 개성을 매력화시켜라

수많은 아이돌 중에 예쁘고 잘생긴 사람들은 넘쳐난다. 만약 예쁘고 잘생긴 사람만 성공한다면, 미스코리아나 슈퍼모델 출신으로 아이돌을 편성해 높은 인기를 끌고 그것이 출세의 지름길이 될 것이다.

이론상으로 그러한데, 현실적으로 높은 인기의 아이돌그룹을 보게 된다면 이론과 전혀 맞지 않음을 알 수 있다. 예쁘거나 잘생기지는 않았지만 자신의 확실한 색깔과 개성으로 대중들에게 다가가는 연예인들이 더 높은 인기를 얻고, 누구나 좋아할 만한 소재로 영화와 드라마를 편성하기보다는 한 분야에 확실한 전문성과 개성이 있는 작품이 더 성공한다.

사람의 마음을 단순히 이분법적으로 "이것은 좋은 것이고 저것은 나쁜 것이다"라는 식의 논리를 가지고 접근하게 된다면 상당한 착오가 생긴다는 것이다. 이는 연애에도 그대로 적용된다. 단순히 "바람이 불면 날아갈 것 같은 원피스가 진리다" 또는 "흠잡을 데 없이 완벽하게 멋진 스타일과 근육질의 남자가 이성에게 잘 통한다"는 것은 아니라는 것이다.

즉, 이것은 확률적으로 그렇지 않은 것보다는 그런 편이 더 좋다는 것이지, 모든 이에게 모든 상황에서 다 좋은 결과를 이끌어 낸다는 것은 아니다. 원피스가 아니어도, 몸짱이 아니어도 자신만의 확실한 개성과 매력이 있다면 당당하게 한번 어필해 보자!

이것이 획일적으로 점잖고 내숭을 보이며 지루한 만남을 가지는 것보다는 훨씬 좋은 결과를 만들어 낼 것이다. 예를 들어 원피스보다 가죽 재킷이 더 어울린다면? 흰 티에 청바지보다 정장이 더 잘 어울린다면 자신에게 맞는 것을 선택해야 한다는 것이다. 앞에서도 언급했듯이 획일적으로 좋다고 하는 것이 반드시 모두에게 그리고 자신에게 긍정적인 결과를 이끌어 낸다는 보장은 없다.

이성에게 가장 잘 어필하고 호감을 이끌어 낼 수 있는 자신만의 최적화된 스타일과 화법 데이트 기술들을 경험으로 반드시 완성하여 자신만의 확신한 개성으로 만들어야 한다. 그것이 수많은 시행착오 끝에 얻은 가장 좋은 방법이었다.

데이트 코스,
어떻게 짜면 될까?

소개팅 첫 만남에서는 남녀 차이라기보다는 어쩔 수 없이 남자가 먼저 리드하는 게 좋다고 할 수 있다. 물론 그렇게 센스 있는 남자는 다른 여자도 많이 알고 있을 확률이 높겠지만, 남자기 리드하는 깃이 일단은 남녀가 이루어질 확률이 확실히 높다.

그렇다면 남자의 입장에서 어떻게 리드하는 게 좋을까? 여기저기 자신감이 없다면 가장 확실한 곳을 지정하는 곳이 좋다. 그녀와의 중간 지점이나 핫 플레이스보다는 본인이 가장 자신 있는 번화가 또는 구역, 즉 여러 음식점과 술집을 잘 알고 있는 곳에서 만나는 것이 좋다.

연락을 하면서 그녀의 성향과 취향을 파악하고 우리 둘 사이의 관계를 고려해 편안한 사이가 형성되었다면, 둘만 있을 수 있는 곳으로 정하는 것이 좋다. 그리고 만일 아직 더 친해져야 된다면 자유롭거나 흥이 있는 곳을 고려하는 등 여러 가지 상황을 분석해 정해야 한다.

무작정 핫 플레이스를 고집한다면 자신이 잘 모르는 모험을 선택하게 되고, 그럼으로써 그녀와의 한 번뿐인 데이트를 망칠 확률이 매우 높다. 항상 말하지만, 여자는 남자에게 단 한 번의 기회만 주기 때문에 첫 만남에 사활을 걸려야 한다.

반대로 여자가 리드하는 것도 아주 좋다. 왜냐하면 대다수의 남자들은 여자와 연애에 대해서 제대로 배우지도, 알지도 못해서 여자의 입장에서 보았을 때 종종 알 수 없는 말과 행동을 하거나 이상한 장소(여자가 생각했을 때)에 가기도 하기 때문이다.

이렇게 남자가 의도하지 않은 일련의 과정을 통해 여자의 마음이 의도하지 않게 상할 수도 있으니 그가 마음에 든다면 데이트코스를 먼저 역제안하는 것도 좋을 것이다. 보통의 남자들은 자신이 리드해야 한다는 부담과 고민을 가지고 있을 것이다. 그리고 만일 오랫동안 연애를 하지 않았다면 그 감정을 되살려 여자가 좋아할 만한 것을 선택하기란 쉽지 않을 것이다.

그런 걱정을 줄여 주고 여자가 원하는 그림을 만들고 싶다면, 데이트코스를 여자가 먼저 제안하여 첫 만남을 순탄하게 가는 것이 좋다.

10부

소개팅 연락 대화주제
100% 성공의 법칙 2

소개팅 후 그에게
선톡 보내도 될까?!

의외로 모든 이성은 상대방의 연락을 먼저 기다린다. 남자는 좋아하는 마음에 그녀에게 다음 만남을 기대하면서 연락을 한다. 그리고 여자는 남자의 연락을 기다린다. 이 구조에서 여자가 먼저 연락을 한다면 어떻게 될까?

아마도 남자는 뛸 듯이 기뻐하면서 그녀의 연락에 화답할 것이다. 역으로 생각해본다면, 우리나라에서 "연락은 남자가 먼저 하는 것이다."라는 고정관념이 오히려 여자의 작은 노력만으로도 남자에게 큰 점수를 얻을 수 있으니 좋은 점이라고도 할 수 있다.

물론 남자의 입장에서는 그녀가 먼저 연락을 하게끔 유도할 수 있는 방법도 많이 있다. 예를 들어 "집에 도착하면 무조건 집에 도착했다고 연락 주세요. 그리고 자기 전에도 꼭 연락 주세요."라고 한다면 여자는 마음에 들지 않거나 싫어하지 않는 이상 남자의 확고한 말을 들었으니 연락을 해올 것이다.

늘 말했듯이 남녀 모두 갑자기 또는 먼저 고백한다고 되는 것은 아니지만, 호감 표시를 하거나 연락 정도는 남녀 구분할 것 없이 마음이 끌리는 대로 먼저 하는 것이 좋다는 것이다.

아직은 천천히 알아 가고 있다고 생각하거나 그녀가 나를 좋은 남자로만 생각하고 있다고 인지하다가도 그녀가 먼저 맛있는 음식이나 선물을 주거나 연락을 하면서 선약을 제안한다면, 남자는 "그녀가 나를 좋게 생각하는구나!"라는 확신을 가지게 되고 더 '파이팅' 있게 그녀를 상대할 것이다.

남자가 여자에게 구애하는 것을 가리켜 흔히들 '열 번 찍어 안 넘어가는 나무 없다'라는 표현을 쓰며 무조건적인 구애를 할 것이라고 생각하지만, 남자의 입장에서도 될 만한 사이에서나 끝까지 구애를 한다는 점을 알아야 한다.

정말 1%의 가능성도 없어 보이는 철벽방어에 계속 관심을 보이고 구애를 하는 남자는 드물 것이다. 일반적으로는 말이다.

카톡 보내기
좋은 타이밍

1. 평범한 직장인

보통의 연애서적과 공식에서는 무조건적으로 '몇 시'라고 규정하지만 절대 그렇지 않다. 사람마다 상황마다 그 방식이 다르게 적용되는데, 직장인의 경우에는 저녁 시간이 가장 좋은 시간이다. 물론 업무마다 특성이 있겠지만 가장 무난하고 안정적으로 연락을 주고받고 싶다면 상대의 퇴근 시간에 맞춰서 보내는 것이 좋다.

업무 특성상 출근부터 퇴근까지 정신없이 바쁜 직종도 있는가 하면, 점심시간이나 쉬는 시간에 틈이 있는 등 사람마다 회사마다 업종마다 다 다르다. 따라서 일단은 먼저 연락을 아침, 점심, 퇴근에 맞춰서 한 번씩 보내 보고 상대가 가장 반응이 좋은 시간대를 알고 난 후 그 시간대에 하는 것이 좋다.

2. 취준생, 고시생 등 공부하는 사람

공부를 하는 사람은 하루 종일 집중해야 하는 시간이 많다. 일반적인 사람처럼 하루 종일 연락을 하거나 밤새 통화를 하면서 친밀함을 쌓는 일은 불가능하다. 이런 분야에 있는 분들이야말로 아침·점심·저녁 짧게 치고 빠지는 전략이 좋다.

좋은 하루를 시작하자는 의미에서 파이팅 있는 분위기로 '모닝 연락'을 "오늘도 좋은 하루 되세요^^"라고 보내고 점심시간 맛있는 음식이나 맛집의 사진을 보내며 "맛난 식사하세요. 이 집 너무 맛있는데 다음에 같이 가요."라고 하는 등 상대가 쉬는 그 틈을 치고 나가는 것이다. 그 순간이 지나면 엄청나게 집중해야 하고 작은 일도 방해가 될 수 있기 때문이다.

3. 예술가나 프리랜서는 새벽을 공략하라!

예술가와 프리랜서는 감성적인 여유와 시간적 여유, 이 두 개의 여유가 있다는 장점이 있다. 물론 이들도 바쁠 때는 바쁠 것이고 집중할 때는 매우 집중하겠지만, 규칙적인 생활을 하는 사람에 비해서는 한가하고 특히 감성에 영향을 많이 받을 수 있다는 점을 알아야 한다.

사람이 가장 감성적 터치를 많이 받을 때가 바로 저녁과 자정, 새벽이라고 할 수 있는데, 이 중에서도 자정 전후라고 할 수 있다. 가장 감수성이 풍부할 때 당신과의 달콤한 대화를 주고받으며 서로에 대해서 더 잘 알 수 있을 것이다. 그리고 남녀 간 섹슈얼한 대화도 나눌 수 있게 되는 것이 바로 감수성이 풍부해지는 자정 시간이다.

남녀 간에 이성적이고 섹슈얼한 대화를 같이 나눌 수 있다는 것은 우리 둘의 사이가 단순히 연락하고 만나서 밥 먹는 사이가 아니라 정신적·육체적 교감도 같이 나눌 수 있는 사이로 한 단계 더 나간다는 것을 의미한다. 점점 연인으로 가는 길이 그만큼 가까워진다는 것이다.

4. 밀당을 하다가 며칠째 연락이 뜸했을 때

서로 알아 가는 단계에서 연락을 주고받다가 너무 가까워지는 것 같고 쉬워 보일까 봐 조금 밀어냈다면 이제는 당길 차례이다. 밀고 당기기를 하다가 당기기는 누구나 쉽게 할 수 있으나 밀어내기도 쉽게 할 수 있다.

바로 답장해도 될까?

10년 전부터 한국에 맞는 연애의 기술을 구축하고 회원들에게 실전 지도를 할 때까지만 해도 연락의 법칙들이 수도 없이 많이 있었다. 그것들은 실제로 이성에게 잘 통하는 기술들이었으며, 필자가 회원들에게 가르쳤을 때도 동일하게 좋은 결과가 나왔기 때문에 연락의 기술은 반드시 존재하여야 하며 그것은 진리라고 생각했다.

더 세월이 흐르고 그것이 체내화되고 나니 더 이상 연락의 법칙이 필자에게는 무의미해졌다. 이런 말을 하는 이유는, 이성에게 연락한다는 것의 의미와 원리를 알고 나면 더 이상 그것에 얽매이지 않게 될 수도 있음을 이야기하고자 함이다.

바로 답장을 해서 사이가 급속하게 친해질 수 있는 경우가 있는가 하면, 44법칙이나 감정적·물리적 평행이론을 지켜야만 친해지기가 더 쉬운 사이가 반드시 존재한다는 것이다.

그 감을 어떻게 키우는가는 오랜 연습과 경험이 스스로에게 말해 주는 것일 것이다. 연락의 법칙에 있어서도 남자와 여자에게는 적용되는 것도, 하는 방법도 서로 다르다는 것을 알아야 한다.

여자의 경우는 문자만으로 남자의 심리를 충분히 파악할 수 있다. 예를 들어 "이 남자가 지금 할 일이 없으니 급하게 나에게 연락해서 약속을 잡는가 보다.", "평소에는 잊고 있다가 주말이 다가오니 여러 여자들에게 연락하는구나." 등 여자들은 대부분은 예리해서 이런 느낌을 금세 알아차리고 기분이 상할 수도 있다는 것이다.

남자의 경우는 사실 연락이 빨리 오든 늦게 오든 문자나 전화를 통해 잘 인지하지 못하는 경우가 많다. 특히 연애 경험이 적고 혼자 짝사랑하는 상대일수록 혼자만의 환상이나 상상에 사로잡혀 여자의 심리와 마음을 읽어 내지 못하는 경우가 허다하다.

남자는 여자로부터 답장이 늦는 것은 남자의 대답이 별로 마음에 들지 않아서인지, 아니면 바로 답장하면 쉬워 보이기 때문인지, 그도 아니라면 뭐라고 답장할까를 고민 중인지를 잘 알아채지 못한다. 반대로 여자는 남자가 답장이 늦게 오나 빨리 오는 것에 대해 최소한 그 의도와 심중은 알고 있다.

연락의 심오한 부분은 『연애의 기술』에서 더 자세히 알 수 있을 것이고, 가장 중요한 핵심만 말하자면 바로 답장하는 것은 서로의 마음에 달린 것이라고 말해 주고 싶다. 내가 쉬운 이성이 되든 아니든 상관없이 좋다면 바로바로 답장하고, 친해지고 싶다면 더더욱 그런 것에 연연해하지 않는 것이 좋다.

하지만 단 하나, 이것만은 기억하자. 내가 답장을 늘 빨리하여도 상대는 늘 늦게 답장을 한다면, 나 역시도 답장하는 속도를 상대에 맞게 조절할 필요가 있다. 이것이 감정적·물리적 평행이론의 핵심이다.

첫 만남 후
연락 없는 이성심리

앞에서 언급했듯이 좋아한다면 남녀를 불문하고 먼저 연락을 하는 것이 좋다. 여자도 그렇겠지만 남자 역시도 알아 갈 시간이 필요하고 마음의 준비를 할 시간이 필요하다. 첫눈에 반해 서로 불같이 사랑하는 사이가 아니라면, 친해지면서 매력을 느끼고 정도 들게 되면서 사귀는 경우도 아주 많다는 사실을 알아야 한다.

남자가 그녀를 만나고 별로라고 생각하거나 아직 좋아하는 마음이 들지 않는 것 같다면? 그래도 먼저 연락해 보라. 그럼 남자에게는 없던 감정도 생기게 될 것이다. 대부분의 남자들은 남자가 주도하고 구애해야만 사랑이 이루어진다고 생각하고, 남자가 열심히 구애를 하지 않는다면 사랑이 이루어지지 않는다고 생각한다.

혹은 당신을 만난 후 많은 업무를 처리해야 되거나 피곤하거나 몸이 아프거나 갑자기 급한 일이 생겨서 연락을 하지 못하는 것일 수도 있다. 그래서 그 역시도 연락을 못하는 만큼 여자랑 친해지는 것이 늦어질 거라 생각하고 있을 때, 여자가 먼저 연락하면 기뻐하고 안심할 것이다. "그녀가 나를 좋게 생각하고 있구나. 바쁜 일이 끝나면, 아니면 이따가 전화를 해서 못다 한 이야기도 나누고 다음 약속도 잡아야겠다."고 말이다.

연애의 기술은 분명히 존재하고, 그것을 기본적인 틀에서 이어 가야 하고 지켜야 하는 것은 맞는 말이다. 하지만 상황에 따라서는 마음 가는 대로 무작정 하는 것도 매우 좋은 방법이다.

나 역시도 연애의 기술을 창조하고 만들었지만, 연락의 기술에 어긋나게 처음 알게 된 그녀에게 하루에 전화를 10통이나 한 적도 있다. 물론 첫 만남부터 통화까지 좋은 인상과 그녀가 흥미를 느끼게끔 말을 잘한 것도 있지만, 나 역시도 스스로 만든 연락의 공식을 파괴하고 마음 가는 대로 한 적이 많다는 것이다.

'연락 후 만남'
성공률 꿀팁

첫 만남이 이루어지기 전 누군가의 주선이나 서로의 정보 교류 차원에서 번호를 알게 되었다면 남녀 모두 가장 먼저 하는 일은 무엇일까? 바로 카톡과 SNS를 찾아보는 일이다.

과거에는 개인 홈피가 인기여서 직접 만나 보지 않더라도 그것을 통해 그 사람에 대해서 많은 정보를 알고 판단할 수 있었다. 현재 이 기능을 대신하는 것은 번호를 저장하면 자동으로 뜨게 되는 카톡과 SNS라고 할 수 있다.

남녀 모두 여러 가지 취미와 인생샷이 많을수록 더 유리하다. 가능하다면 다양한 자신만의 매력을 보여 주면서 상대방이 안심하고 검증된 사람이라는 것을 스스로 느끼게 하는 것이 좋다. 연락을 하는 데 있어서도, 또 만남이 이루어지는 데 있어서도 유리하게 작용할 것이기 때문이다.

어떻게 본다면 과거의 우리 선배들보다 더 검증되고 더 유리한 아이템들이 있으니, 활용하지 않는 것이 더 이상할 것이다. 과거에는 얼굴을 보지 못하고 펜팔만 하거나 채팅만 하게 된다면 상대방의 얼굴과 신상정보를 전혀 모르거나 확인할 방법이 없으니, 약속 날 당일 취소되는 경우도 다반사였고 얼굴을 보고 실망하는 경우도 많았다고 한다.

이런 일련의 과정과 시행착오를 겪지 않기 위해 카톡과 SNS가 없던 시절의 연애기술에서는 첫 만남이 이루어지기 전까지 너무 깊은 사이가 되거나 환상에 빠지지 말라고 경고하기도 하였다. 요즘은 상대의 얼굴이나 사회적 위치나 관계 등을 얼마든지 확인할 수 있으니 첫 만남이 이루어지기 전 마음에 든다면 얼마든지 깊은 사이가 되기 위해 노력하는 것이 가능해졌다.

11부

혈액형별 특징
& 짝사랑 연애 잘하는 법

혈액형별 남녀유형-성격 특징 '썸 확인법'

혈액형별 성격

혈액형의 유형과 그에 따른 성격 특징의 신빙성에 대한 논란은 어제오늘이 일이 아님에도 불구하고 사람들에게 언제나 높은 관심과 사랑을 받는 이유는 무엇일까? 상대에 대한 호기심과 자신의 정체성 등을 쉽고 재미있게 알고 싶어 하는 마음일 것이다.

우리가 알고 있는 혈액형 상식을 이야기할 때 A형은 성실하고 소심하며, B형은 기분파로 바람둥이가 많고, O형은 쾌활하고 사교적이며, AB형은 머리가 비상하나 어딘가 독특한 구석이 있다는 것이 혈액형별 성격의 정설처럼 여겨지고 있다.

이런 특성들을 바탕으로 남녀의 혈액형별 궁합과 성격을 짝지어 본다면 어떨까? 여러 가지 자료를 참고하고 연구한 것을 토대로 한번 작성해 보았다.

A형

A형이라고 하면 소심하고 내성적이고 용기 없는 사람을 지칭하기도 한다 '너 혹시 A형이야?'라는 말에는 약간 부정적인 성격이라는 함의도 있다. 연애에서도 이성 간에 고백이 힘들거나 데이트에서도 리드가 힘들고 서로의 마음에 솔직하지 못해 답답한 느낌을 줄 수 있다는 식의 이론까지 있다.

하지만 전 세계 인구의 절반이 A형이라는 것을 알고 있는가? 앞의 이론은 A형의 부정적인 면을 강조한 것이고 긍정적인 면을 부각하자면 치밀하고 속마음이 깊고 거짓말을 하지 않으며 성실하고 언제나 한마음이다. 특히 A형은 남에게 피해를 주거나 속이는 것!, 남과의 분쟁을 원하지 않는 평화주의자라는 것이다. 이런 사람들이 많아야 사회가 더 발전하고 살기 좋은 곳이 되지 않을까?

혈액형별 궁합

A형(女)♥A형(男) 75%

A형(女)♥B형(男) 65%

A형(女)♥O형(男) 90%

A형(女)♥AB형(男) 60%

B형

B형은 바람둥이에 성격이 자유롭고 예술가의 성향이 있다. 예술가 성향이라면 굉장히 예민한 감성과 남들과는 다른 사고를 가지고 있는

데 그래서인지 주변에서 예측할 수 없는 성격의 소유자로 인식되곤
한다.

물론 예술가나 바람둥이 중 B형이 절대적으로 많은 것은 아니다. 통
계를 내어보면 모든 혈액형이 고르게 분포되어 있다. 약간은 집중력이
없고 주의가 산만하고 그래서 여기저기 많은 일에 관심을 가지는 모습
이 자유분방하고 이성친구가 많은 것처럼 보일 수도 있다.

혈액형별 궁합

B형♥A형 40%

B형♥B형 80%

B형♥O형 90%

B형♥AB형 65%

O형

사람들이 가장 긍정적으로 생각하는 성격의 소유자는 바로 O형이
다. O형은 품이 좋고 리더의 자격이 있으며 긍정적이고 외향적인 성
격의 소유자로 알려져 있다. 물론 가끔 엉뚱한 면이 있어 주변 사람들
에게 의외의 매력을 보이기도 하고 오해나 분쟁을 가져오게도 하지만
말이다.

O형은 성격이 털털하고 자기주장이 확실해서 사랑이나 일에 있어서
도 추진력이 매우 좋다. 물론 자기주장이 강하다는 것은 자기애나 자
만심에 빠져 주변 사람들과의 소통을 방해하기도 하여 리더보다는 보

스의 면을 나타내기도 한다.

혈액형별 궁합
O형♥A형 90%
O형♥B형 70%
O형♥O형 20%
O형♥AB형 30%

AB형

A형과 더불어 완벽주의자 소리를 듣고 말 그대로 A형과 B형을 합친 듯하게 자유분방하면서도 속은 아주 치밀하고 무서운 면이 있다. 사람 좋아 보이는 외모와 성격에 긍정적이고 외향적이지만 속은 구만 리, 알 수 없다고도 할 수 있다.

그래서 아마도 AB형은 무서운 이중인격이라느니 4차원이거나 자기만의 세계관이 있다느니 하는 말이 생겨났을지도 모른다. 천재 아니면 바보라는 극단적인 평가도 받는다. 외유내강에서 나온 모습은 아닌가? 모든 사람이 어떤 부분에서는 천재이고 어떤 부분에서는 바보이듯이 말이다.

혈액형별 궁합
AB형♥A형 75% 궁합도 50
AB형♥B형 70% 궁합도 85

AB형♥O형 25% 궁합도 35

AB형♥AB형 90% 궁합도 90

바넘 효과

혈액형에 대한 연구와 수많은 사례들이 있지만 그럼에도 불구하고 반대의견을 내는, 혈액형별 성격은 바넘 효과의 일종이라고 일축하는 사람들이 있다.

바넘 효과란 모든 사람들에게 동일한 성격 검사를 했을 때 80% 정도가 비슷하게 공감하고 일치한다는 이론이다. 예를 들어 '너는 겉은 강해 보여도 속은 정말 여리고 상처를 잘 받는 사람이야.'라는 말을 들으면 누구나 수긍할 것이기 때문이다.

반대로 '너는 겉은 순해 보이지만 가슴속에 뚜렷한 목표가 있고 난폭하게 변할 때도 있을 거야.'라는 말을 들어도 누구나 수긍할 수 있다. 이것을 콜드리딩이라고도 하는데 상대방을 읽거나 누구에게나 적용되는 말을 한다면 쉽게 동의를 얻을 수 있다는 것이다.

바넘 효과와 콜드리딩이 말해 주는 것은 대부분의 사람이 80% 정도는 비슷한 기준과 공감대를 가지고 있고 나머지는 개인의 취향에 따라 세분화된다는 이론으로, 단순히 몇 가지 유형으로 사람을 분류할 수는 없다는 것이다.

짝사랑하는 남자에게 접근하는
간접적 기술들

상대방을 존중해 주고 인정해 주기

모든 남자들이 여자와의 대화에서 자신을 알아주고 칭찬해 주고 존중해 주는 것을 좋아한다. 왜 남자들의 조직은 YES맨을 좋아하고 YES맨이 되려고 하는지에서 까닭을 찾아볼 수 있다. 그것이 지시나 명령이 아니듯 상관없이 동의해 주고 당신의 판단과 결정을 항상 옳다고 인정해 주는 것이 남자들에게는 늘 자신을 증명하는 표현이다.

상대방과의 대화에서 '와우, 멋있어, 나는 스포츠 잘하는 사람이 멋지더라, 오빠는 굉장히 멋진 일을 하는 것 같아요, 나는 오빠의 그런 점이 참 좋아요' 하고 칭찬해 주고 인정해 준다면 대화에서도 남자는 기분이 좋아져 더 많은 말을 하게 될 것이고 많은 말을 한다는 것은 곧 서로 간에 더 친밀해진다는 것이다.

더 많은 이야기를 나눌 수 있고 더 많은 이야기 소재를 생산해 낸다면 둘만이 보낼 수 있는 시간은 더 많아지게 되어 있다.

먼저 밝게 다가서고 인사하기

늘 했던 말이지만 남자는 참 착각의 동물이다. 여자가 먼저 밝게 웃으며 인사를 건넨다면, 특히 젊은 여자라면 대부분의 미혼 남자는 주목하게 되어 있다. 물론 그것이 처음에는 이성적인 매력이나 느낌이 아닐지라도 말이다.

먼저 다가서서 인사를 하고 말을 걸게 된다면 그것이 한두 번을 넘어 지속적으로 이어지게 된다면 자신의 이상형이 아닐지라도 점점 '저 사람이 나를 좋아하는가? 나에게 관심이 있는가?' 하고 생각하게 되고 당신을 주목하게 되어 있다.

이렇게 이야기한다면 많은 사람들은 반론할 것이다. '고작 주목하게 만들고 이야기를 잘 들어 주면서 조금 더 다른 여자들보다 오래 있는 것! 그것이 전부인가요? 그래서 사귈 수 있나요? 그래서 무엇이 이루어지게 되나요?' 하고 말이다.

남자 연애의 기술에서 가장 먼저 가르치는 것이 바로 여자가 나에게 집중하고 주목하게 만드는 법이다. 모든 이성관계의 출발은 나에게 집중하고 주목하게 만드는 것이다. 그리고 호기심과 편안함을 가지게 하면 호감이 생기게 되고 그것이 쌓이면 비로소 이성적인 관계로 출발하게 된다.

그가 필요할 때 언제나 곁에 있어 주기

이는 남자들이 처음에는 모르는 특권이다. 여자들은 이런 것의 소중함이나 감사함을 알고 있지만 남자들은 항상 내 옆에 있어 주고 내 편이 되어 주는 것에 크게 감흥을 못 느끼는 사람들도 있다. 스스로 능력이 있다거나 강하다고 생각하거나 독립심이 큰 사람들이 말이다. 이 기술은 지금 당장 효과를 보는 게 아니라 시간이 지나 관계가 숙성될수록 위력을 발휘한다는 것을 알아야 한다.

그녀가 언제나 내가 외롭거나 심심할 때 내 옆에 있어 주면 남자는 당연시하고 소중함을 몰랐다가 일정 시간부터는 더 이상 내 옆에 없다는 것을 알면 그때 남자는 그녀를 찾기 시작한다. 이는 남녀가 처음 헤어졌을 때 여자는 울면서 감정이 폭발하다가 시간이 지나면서 점점 안정을 되찾아 가겠지만 남자는 당장 헤어졌을 때는 무덤덤하다가 시간이 지나면서 그 슬픔이 서서히 폭발하고 심지어는 한평생 가슴속 한으로 응어리지게 되는 것과 같은 원리이다.

내 주변에 다른 경쟁자들이 항상 있음을 알고 시한부 두기

남자들이 가장 흔하게 착각하는 것이 어릴 때, 옛날에 그녀가 자신을 좋아해 주었다고 아직도 좋아해 준다고 생각하는 것이다. 실제로 이런 착각을 넘어 하나의 훈장처럼 생각하는 남자도 있다. 남자와 서로의 이상형이나 연애경험담을 이야기하면서 이렇게 이야기하라!

'옛날에 잠깐 좋아해 주었던 남자가 있었는데 기껏 잘해주니 교만해지더라, 그래서 다시는 좋아해 주지 않았고 나중에 좋아한다고 고백하길래 단번에 거절하고 날 사랑해 주는 남자와 사귀었다.'

이것은 좋아하는 남자가 너무 여유롭게 행동하거나 반응이 없을 때 하는 일종의 정형화된 멘트와 같다. 이런 종류의 말을 듣고도 반응이 없다면 그냥 친구로 잠시 남겨두고 다른 이성친구를 만나보는 것도 좋은 방법이다.

고백만큼이나 중요한
고백 거절하는 방법

　항상 남자들에게 당부하기를, 알지도 못하는데 갑자기 나타나 사귀자고 고백하는 것은 여자에게 매우 황당한 일이라고 말했다. 이와 반대의 상황이 되면 어떻게 될까? 여자가 갑자기 나타나 "지켜보았는데 좋아해요, 사랑합니다!" 한다면 남자는 어떤 반응을 보일까? 결론부터 말하면 여자보다 몇 배는 더 놀라고 황당해하면서 도망칠 것이다. 도망친다기보다 '어떻게 대처해야 할지 모른다'가 더 정확한 반응이다.

　여자는 적든 많든 고백을 받아본 상황이 많고 남자는 적든 많든 고백을 하는 상황이 많다. 실제로 여자가 남자에게 잘 고백을 하지도 않는다. 잘생긴 일부 남자들을 제외하고 일반적인 남자는 고백을 받아본 적도 없고 여자에게 '이 오빠 괜찮네, 멋지네.' 하는 칭찬을 받아본 적도 없다.

　그렇기 때문에 여자가 먼저 고백하는 것이 더 어렵다. 또한 고백 후 여자가 도망가 버린다면 남자는 '아, 생각할 시간을 주어야겠다'라고 생각하는데 이것도 어디까지나 사회적으로 많이 보아온 학습 효과로 인지되었을 뿐 본능적으로 알아차리는 것이 아니다.

여자가 먼저 고백했는데 남자가 도망가 버린다면 여자는 거절의 뜻으로 받아들일 수도 있고 더 중요한 것은 남자의 본성으로 그 자리를 피한다는 것은 사실상 어떤 성격의 상황이든 패배하는 기분이 들기 때문에 자리를 피해야 할지도 모른다는 것이다.

이렇듯이 고백이라는 한 개의 단어만으로 남녀가 이렇게 다른 생각과 행동을 보인다는 것을 알아야 하는데 별로 좋아하지도 않고 이상형도 아닌 남자에게 고백을 받았을 때 잘 거절하는 방법은 없을까? 남자가 기분 상하지 않게가 아니라 어찌 되었든 나를 좋아해 주고 고백해 준 것에 대한 최소한의 예의로 말이다.

크게는 두 가지 방법이 있다. 완전한 거절과 여지를 남겨두는 거절이다.

완전한 거절은 남자가 포기하게 만드는 방법론이고 여지를 남겨두는 거절은 지금은 아닐지라도 앞으로 지켜보겠다는 의미가 될 것이다. 어장관리녀라는 부정적 이미지를 생각하지 말라! 남자든 여자든 수많은 이성친구를 두고 있는 것은 매력과 능력이 넘친다는 것이다. 룰이 없는 연애시장에서 어떤 룰을 만들지는 오직 내가 정하는 것이고 내 세계관에 상대방을 끌어들이면 되는 것이다. 그것이 싫으면 나가면 그만인 것이고 연애전쟁에서 패배한 사람들이 어쩌고저쩌고 하면서 연인 사이의 신뢰나 의리를 강조한다.

남자가 완전히 포기할 수 있는 거절의 방법으로는 대응하지 않는 것을 가장 많이 활용하는데 그렇게 해서는 남자가 착각하게 된다. 10번 찍어 안 넘어가는 나무가 없다는 연애교육을 잘못 받은 우리 선배들이 만들어낸 공식 때문에 남자들이 계속 연락을 한다. 그럼 의도하든 의도하지 않든 싫어하는 낯선 남자의 연락을 계속 받게 된다. 좋아하는 사람이 따로 있다고 확실하게 말하라!

'일에 집중하고 싶다. 연애할 생각이 없다. 전 남자친구를 그리워한다' 등의 이야기를 돌려 한다면 남자는 생각한다. '내가 이 여자를 사랑할 수 있는 사람으로 바꿔주어야겠다. 내가 이 여자에게 사랑을 가르쳐 주어야겠다'고 착각한다.

그래서 고백에서 확실히 하고 싶다면 연락을 무시하지 말고 확실하게 말하게 좋아하는 사람이 있다고 말하라. 다른 이유를 말한다면 오해한다. 간혹 유학 간다, 이민 간다고 말하는 사람도 있는데 '그럼 갔다 올 때까지 기다릴게'라고 말하는 남자도 있다!

짧은 연애만 하면 잘못이라는
이상한 논리

먼저 말하고 싶은 것은 짧은 연애만 한다고 해서 절대 나쁜 상황이거나 무언가 잘못된 것이 아니라는 것이다. 더 만나보고 싶은 사람이 있어서 썸 대신 연애부터 시작하는 사람이 있고, 서로 좋아하는 줄 알면서도 보는 사람 속 터지게 천천히 다가가는 사람도 있다. 신중하고 신중하지 않은 문제가 아니라 가치관의 문제일 뿐이다.

사람마다 일을 하거나 밥을 먹을 때 모두 다른 방식으로 일처리를 하고 밥을 먹는다. 밥을 먹고 젓가락으로 반찬을 먹고 숟가락으로 국을 먹는다. 이렇게 먹지 않는 사람은 모두 이상한 것일까? 사람들은 상사의 옛날식 일처리 방식에 분노하면서 일률적인 연애 상식에 기대어 상식에 맞지 않으면 이상한 연애와 만남이라고 말한다. 심지어 비난하기도 한다.

연애 전문가로서 결론을 내린다면 자의적인 짧은 연애를 하는 사람은 정상이다. 그런 것에는 정답이 없다. 또한 모든 연애는 이별 후 장단점이 다 있기에 본인이 어떤 교훈을 얻었는가 이것이 가장 중요하지 이별을 당하거나 통보한 쪽이 승리자라는 식도 잘못되었다.

필자는 전혀 문제가 되지 않는다고 생각하지만 그럼에도 불구하고 자의든 타의든 짧은 연애만 하게 되어 고민인 사람들이 있다면 몇 가지 말해 주고 싶다.

첫 번째 사람 그 자체가 아니라 주변의 분위기에 따라서 감정이나 판단 기준이 달라지는 사람이다. 두 번째는 남자를 보는 확실한 판단 가치가 없다면 주변의 말에 휘둘리게 된다. 내가 확실히 알고 있어야 주변 조언도 필터링을 해서 득이 되게끔 들을 수 있다.

연예인 커플을 한번 보라. 단순히 둘이 좋아서 만나는데 너무나 많은 도전과 시련을 받게 된다. 사실 남 일에 관심이 없는 필자는 이해가 되지 않는다. 둘이 좋아서 만나는데 왜 주변의 허락과 도전을 받아야 되는지 알 수 없다. 각자 사람을 보는 안목이 있고 능력이 있다면 어떤 시련이 와도 멋지게 극복할 것이다.

그러나 신뢰가 없고 서로 사랑할 준비가 안 되어 있는 커플은 금방 깨지고 말 것이다. 사랑을 할 때도 사람을 알아보는 안목과 사랑을 할 수 있는 여러 요건의 준비와 여유가 있어야 되고 사랑을 지켜 나갈 수 있는 능력도 서로 간에 있어야 한다.

물론 성격상 누군가를 돌보지 못하거나 싫증을 자주 느끼는 성격 역시 그 때문에 짧은 연애를 하기도 한다. 이런 습성을 가졌다 할지라도 진짜 사랑이라고 느끼지 못하거나 소중하지 않다고 느끼기 때문에 관리를 소홀히 해서 헤어지는 경우도 있다.

현실에서 존재하지 않거나 친구들의 거짓된 영웅담을 진실이라고 믿고 현재 연인에게 너무 일방적으로 맞추기만을 바라거나 이상형을 바라거나 한다면 상대방도 금방 지칠 것이다.

남자친구랑 사이좋게 지내는 6가지 기술

항상 믿어 주고 응원하고 위로해 주기

모든 사람들은 자신을 믿어 주고 응원해 주는 사람을 당연히 좋아한다. 사실 자신이 하는 일을 배우자가 이해해 주지 못한다면 그것만큼 힘들고 아픈 것이 없다. 한쪽만 기대하고 한쪽만 의지하는 사이가 되는 것보다는 서로가 믿고 의지하는, 사랑을 기반으로 하는 동반자가 된다면 결혼 후에도 행복할 것이고 어떤 시련이 와도 함께하니 슬픔은 반이 되고 기쁨은 배가 될 것이다. 물론 나쁜남자를 만나본 사람이라면 '믿어 주니 나를 속이더라'라는 말을 하기도 하는데 필자는 이렇게 말하고 싶다. 과거의 일시적인 일을 현재와 미래에 일어날 일에 적용한다면 제대로 된 사랑을 하기 어려울 것이니 매번 처음 사랑하는 것처럼 만났으면 좋겠다.

한 가지, 서로 위로하는 것에는 많은 방법이 있지만 남자가 여자의 머리를 쓰다듬어 주고 귀엽다고 하는 것은 좋은 반응을 받을 수 있다.

그런데 남자는 머리를 쓰다듬거나 귀엽다는 말을 듣게 되면 반응이 제각각이니 그의 반응을 살펴볼 필요가 있다.

혼자만의 시간이 필요할 때는 지켜주기

이성친구를 사귈 때마다 늘 느끼는 것이, 혼자 있는 시간이 줄어든다는 것이다. 물론 서로 좋아서 같이 있고 싶은 시간이 늘어가는 것은 좋은 것이지만 가끔은 혼자 보내는 시간도 필요하다. 특히 예술가나 특수직업 또는 성격에 따라 혼자 사색하고 산책과 정서적인 여가시간을 가지고 싶어 하는 사람도 있다는 것을 존중해 주어야 한다.

물론 힘든 일이 있어서 혼자 조용히 있고 싶어 하는 사람도 있을 것이고 다양한 이유에서 혼자만의 시간과 공간을 필요로 하는 사람도 있기에 서로의 취향을 존중해 주고 연락을 독촉하거나 화를 내는 것보다 함께 해결할 수 있는 좋은 방법을 제시해 주는 것이 관계 발전에 좋다.

자존심 상하지 않게 말하고 도와주기

앞에서 말했듯이 상대방이 혼자 어떤 일을 해결하기 위해 당신과 함께 할 수 없다면 자존심 상하지 않게 개입하거나 도와주는 방법도 있다. 특히 어떤 남자는 데이트 비용을 분담해야 한다고 말하는 남자가 있는 반면 여자가 돈 쓰는 것 아니라는 말을 하는 남자도 있다. 이런 남자들은 여자 앞에서 자존심이 매우 센 사람이다. 아마도 여자 상사에게 지시받는 것도 자존심 상해할 수도 있다.

이와 같이 여자를 동등한 동반자로 생각하여 도움받는 것을 순수하게 고마워하는 사람도 있고 자존심 상해하는 남자도 있고 부담스러워하는 남자도 있다는 것을 알아야 한다. 여자가 어떻게 생각을 하든, 사회운동을 해서 남자들의 상식을 바꾸고 싶어 하든 어찌하든 지금은 여러 부류의 남자들이 있으니 상대방의 생각과 반응을 보면서 조용히 도와주는 것도 현명한 방법이다. 남자친구의 일이 빨리 해결되어야지 당신과 즐거운 데이트도 할 수 있기 때문이다.

다른 사람 앞에서 늘 높여주기

둘만 있을 때는 더 높게 대접해 주기를 요구하고 받는다 할지라도 제3자가 있다면 남자친구를 존중해 주는 것이 좋다. 물론 둘만 있든 남들 앞에 있든 모두 평등하게 대우받고 존중받으면 좋을 것이지만 남녀도 엄연히 서열이 존재한다. 인간관계는 기본적으로 평등을 지향하지만 불가피하게 서열이 정리될 수도 있음을 알아야 한다. 만약 남녀 사이에 서열이 정해진다면 둘만 있을 때는 여자가 존중받고 남들 앞에서는 남자가 존중받는 것이 지난 세월 남녀관계가 지속되는 데 도움이 되었기에 정설처럼 굳어졌다.

어느 한쪽이 일방적으로 계속 맞추어 주고 참아 주고 대우를 요구받기만 하면 반드시 반작용이나 부작용이 생기게 되어 있다. 이것을 방지하기 위해서라도 평소 남자친구가 나에게 맞추어 주고 우대해 준다면 남들 앞에서는 반대로 해 주어라! 남자친구는 그것을 정서적인 보상으로 여긴다.

아픈 과거와 약한 모습 감싸 주기

용서하지 못할 상대방의 과거를 알게 되었다면 어떻게 해야 할까? 필자는 그것에 대해서 오랫동안 고민하고 개인적인 소견으로 결론을 내렸다. 사랑한다면 그것까지도 같이 짊어지고 간다. 물론 모두가 이렇게 살아야 하거나 행동하라는 것은 아니다. 이건 아닌 것 같다고 돌아선 적도 있었지만 그것까지 용서하고 함께 이겨나가자 하는 사람도 있는 것을 보고 놀랐기 때문이다.

과거 실수나 잘못을 꺼내지 않기

오랫동안 이어져 온 인간관계법이지만 과거의 이야기를 계속 언급하는 것은 매우 안 좋은 것이다. 그러나 과거의 잘못을 계속 반복하면서 지적을 받는 것은 더 안 좋은 것이다. 과거에 사로잡혀 사는 것도 좋지 않고 잊을 만하면 같은 실수를 반복해 옛날 이야기를 꺼내게 만드는 것 모두 악순환의 연속이 된다. 남녀 모두 이 둘 중 한 가지 요소라도 있다면 관계가 오래 지속될지도 의문이기는 하다.

이런 악순환에서 벗어나는 방법은 한가지뿐이다. 확실한 경고와 확실한 용서. 그럼에도 지속적인 잘못이 반복된다면 두 사람은 관계를 굳이 지속할 이유가 없다. 필자가 했던 말 중에 회원분들이 뽑아 주신 명언이 있다. "사랑은 변해도 사람은 변하지 않는다." 고쳐지지 않는 사람과 사는 것은 매우 불행한 일인데 더 불행한 것은 나의 노력으로 상대방이 변할 수 있을 것이라는 환상이다.

12부

사랑을 주는 것
vs. 사랑을 받는 것

여자를 잘 모르는
남자들의 특징

사람을 등급으로 나눌 수는 없겠지만 만약 나눈다고 가정해 보자. A급 여자에게 D급 남성이 끝없이 구애한다고 한들, 여러분들 같으면 그 사람을 받아 줄 수 있을까?

남자들은 여자들이 남자의 외모나 스타일을 전혀 보지 않고 오직 진심과 성격만 본다고 잘못 알고 있다. 사실은 절대 그렇지 않으며, 여자들도 남자의 외모와 스타일을 매우 중요하게 보고 있다. 그러면서도 대화와 감성 코드가 잘 맞고 경제적으로도 여유가 있으면 더 좋다는 것이다. 그런데 남자들은 모든 것을 제외하고 오직 진심이나 돈만 있으면 된다고 착각하고 있으니 말이다.

그런데 중요한 사실은 남자가 이렇게 여자에 대해 많이 오해하고 있듯이 여자도 남자에 대해 많이들 오해하고 있다는 것이다.

예를 들어 같이 식사를 하고 나서 남자가 "우리 이제 뭐 할까요?" 또는 "뭐 하고 싶어요?"라고 물으면 여자는 매우 화가 날 것이다. 그나

마 발전한 것이 "술 마시러 갈래요, 아니면 영화 보러 갈래요?"라면 '그걸 왜 나에게 물어보는 거지? 알아서 잘 리드하면 안 되나?'라고 생각할 것이다.

물론 가장 좋은 모범답안은 "지인들이랑 자주 갔던 칵테일라운지가 있는데 ○○○가 정말 맛있더라구요. 지연 씨 술 잘 못 마시잖아요. 무알코올이라서 분위기도 나고 취하지도 않고, 지연 씨랑 같이 가면 정말 좋을 거 같아요!"라고 하는 것이 정답일 것이다.

그러나 이렇게 말하는 남자가 과연 몇 명이나 있을까? 필자 역시 오랜 연애 경험과 연구 끝에 이렇게 말을 해야 여자들이 좋아한다는 것을 알게 되었으니, 일반 남자들은 이 정도의 언어 구사는 하지 못할 수도 있을 것이다.

필자가 잘났다거나 일반 남자가 둔하다거나 하는 것을 말하고자 하는 것이 아니다. 일반 남자들이 앞에서 "뭐 하고 싶어요?", "이제 뭐 하죠?"라고 물어보는 것은 여자와의 데이트에서 아무 생각이나 준비 없이 나온 것이 아니라, 당신을 존중해서 의견을 물어보는 것임을 알아야 한다는 것이다.

필자도 연애 초보일 때, 내 기준에서 배려하려는 마음으로 여자에게 물어보았는데 매우 큰 마이너스 점수를 받았다. 사실 남자 입장에서는 여자가 소중하지 않으면 이렇게 물어보지도 않는다. 남자는 상하 관계나 서열에 익숙해져 있기 때문에 상사나 선배 또는 부모 등 자신보다는 위에 있거나 소중하다고 생각하는 존재의 눈치를 살피거나 의견을 물어보는 경향이 있는데, 이 같은 습관이 이렇게 연애에서도 나오는 것이다.

만약 썸을 타는 남자가 이렇게 이야기한다면, 일단 이런 의도로 이야기하는 것이니 섭섭하게 생각하거나 오해하지 말고, 그가 "이제 뭐 하죠? 뭐 하고 싶어요?"라고 물어보면 웃으면서 적극적으로 "제가 술을 잘 못 마시니 무알코올 칵테일 마시러 갈래요?"라고 먼저 제안해 보라.

단지 그 남자는 여자에 대해 잘 모르고 여자가 소중해서 의견을 존중해 주는 것뿐이니, 여자가 적극적으로 의사를 말한다면 남자는 아마도 그때서야 당신에 대해 하나씩 알아 갈 것이다. 정확하게 이건 이것이고 저건 저것이라고 이야기한다면 다음부터 남자는 아마도 더 확실하게 그것에 맞추어서 데이트를 준비하거나 맞추어 줄 것이다.

또 다른 한 가지는 남자에게 무엇인가를 기대하지 말라는 것이다. 연애 경험이 많은 사람은 여자가 헤어부터 귀걸이, 목걸이와 같은 액세서리, 아이라인, 립스틱 색깔 등 화장법까지 바뀌었다는 것을 알고 칭찬해 주고 의미를 부여해 줄 수 있다. 이는 정말 수많은 경험 끝에 노력하고 연구해서 알게 된 진실에 불과하다.

그러나 학업이나 업무 등 자기 일만 해도 바쁜 일반 남자들이 연애의 기술이나 여자에 대해 공부하고 연구하는 일은 드물기에, 이런 것을 알아 달라고 하는 것은 이제 막 사칙연산을 배운 학생에게 미적분을 풀라는 것과 같다.

여자들은 끝없이 화장술과 스타일의 노력 끝에 지금의 모습을 완성했고 그 모습에 반해서 남자가 좋아하는 것이지만, 그 과정을 알아 달라거나 중간에 변한 것을 알아 달라는 것은 과욕이다. 대부분의 남자들은 결과만 본다. 즉, 화장술을 바꿔도 '이제 보니 저 여자가 엄청 예뻤구나.' 혹은 '이제 보니 피부가 엄청 좋네. 그래서 100점이야.'라고만 생각하지, 무엇이 어떻게 왜 바뀌었는지 관심도 없고 알 수도 없다.

스킨 로션도 제대로 안 바르는데 화장이나 스타일이 어떻게 되는지 모르는 것은 당연한 것이다. 그냥 결과적으로 보았을 때 예쁘면 된다. 여자가 노력 끝에 더 예뻐지고 무엇인가 바뀌었다고 해서 이것을 디테일하게 알아 달라고 할 필요는 없고, 남자가 느끼기에 점점 더 예뻐지는 것 같아 "여전히 예뻐!"라고 말한다면, 그것으로 충분히 보상받은 것이라고 생각하면 된다.

즉, "내가 무엇이 바뀌었는지 알아맞혀 봐!"라고 하는 것은 일반 남자를 시험에 들게 하는 것이지, 결코 그가 당신에게 무관심한 것이 아니다. 어차피 말해 줘도 모른다.

남사친, 여사친이
이성으로 느껴지는 순간

나를 진심으로 생각해 준다고 느껴질 때

연애라는 자유시장 경쟁 체제에서 여기저기 상처받는 청춘은 그야말로 사랑에 속고 돈에 운다고 해도 과언은 아니다. 물론 꼭 아파야 청춘이라는 것은 아니지만 더 성숙해지고 더 강해지기 위해서는 젊을 때 사랑과 돈의 속성과 상호관계를 조금은 알아야 한다. 연애 전문가가 아니라 인생 선배로서 하는 말이다.

그럴 때마다 언제나 내 곁에서 항상 있어 주고 위로해 주고 응원해 주는 친구가 있다면? 그런데 그 친구가 동성이 아닌 이성이라면? 다시 보게 되면 '혹시 이 사람이 내 인연인가?' 하는 생각을 하기도 한다.

내 동성 친구가 '이성 사람 친구'에게 호감을 가질 때

늘 편하게 장난치고 함께하던 이성 사람 친구가 있다. 다른 동성 친구가 나타나서 "와우, 저 사람 엄청 멋지네! 너랑 친하냐?"라고 한다.

그때까지만 해도 별다른 감흥이 없을 것이다. 심지어 소개까지 시켜줄 수도 있다. 같이 따라 다니다 둘이 친해지는 것을 본다면, 그것을 넘어 나 없이 둘이서 보게 되는 일이 많아진다면 그때부터 점점 묘한 감정과 기분이 들게 된다.

여기서부터 상대방에 대한 진짜 감정이 드러나게 되는 것이다. 이것이 연민인지 허전함에서 오는 아쉬움인지 또는 심통 같은 질투인지 등을 잘 구분해야 한다.

앞에서 금사빠, 첫눈에 반했다고 표현할 줄 아는 사람이 사실은 사람 볼 줄도 아는 것이며, 자기 자신에게 솔직한 사람이 더 성공할 확률이 높다고 했다. 지금 자신의 감정을 제대로 진단하고, 돌이킬 수 없는 후회나 실수를 반복하지 않기 위해서라도 빨리 판단해야 한다.

평소 못 보던 상대방의 모습

첫 번째로 공부나 업무에서 전문적인 모습을 보았을 때 그가 달라 보인다. 필자 역시 업무상 알게 된 사람이 자신의 일에 집중하고 잘하는 모습을 보면 멋져 보이는 것이 사실이다.

두 번째는 평소와는 다른 스타일의 옷을 입을 때이다. 늘 정장을 입거나 캐주얼만 입던 사람이 정반대의 스타일을 보이면서 전혀 다른 매력을 보인다면, 친하게만 지내던 이성 사람 친구가 놀라워하며 그의 새로운 매력에 눈을 뜨게 될 것이다.

늘 말했듯이 남녀 모두 사랑은 후각, 청각이 아닌 시각을 타고 온다.

힘든 일이나 과제/업무를 같이 성취했을 때

오래된 연구결과이지만 다이나믹한 경험을 같이 한 남녀가 그 후 연인으로 발전할 가능성이 높다는 주장은 익히 들어 알 것이다. 이것은 진실이다. 과제/업무 영역에서 함께 무엇인가를 하기 위해서는 서로 감정과 정서까지 맞추어 주며 공유해야 성취라는 결과를 얻을 수 있다.

그 과정에서 자주 보게 되는 것은 물론이고 많은 소통을 하게 되고, 성공의 기쁨까지 같이 맛본다면 서로에게 호감이 폭발할 것이다. 한두 번 정도는 아닐지라도 지속적으로 같이 팀워크를 할 경우 공적인 일에서 서로 손발이 잘 맞고 말이 잘 통한다면 사적인 영역에서도 자동으로 통하게 되어 있다. 사적으로 친해지기보다 공적으로 친해지는 것이 더 까다롭기 때문이다.

아프거나 힘든 내 옆에서 자리를 지켜줄 때

삶이 힘들수록 혼자 있고 싶어 하는 사람도 있지만 어떤 사람이든지 누군가의 위로와 응원이 절실하게 필요할 때가 있다. 특히 위로와 응원은 남 녀 모두에게 통하는 위대한 정신적 선물이니 잘 활용해 보기 바란다

늘 웃으면서 장난치고 때로는 서운하게도 하던 이성 사람 친구가 내가 아플 때 옆에서 열심히 병간호를 해 주거나, 약을 사 들고 집에 찾아오거나, 죽이나 밥을 차려 주거나, 지속적으로 안부 연락을 할 때면 '정말 나를 진정으로 생각해 주는구나.'라는 생각에 감동을 받게 된다. 꼭 유혹의 기술이 아니라도 이런 과정을 통해 연인이 된 커플이 많다

는 것도 알아야 한다.

이성 사람 친구가 학교나 회사에서 받은 스트레스로, 또는 애인과 헤어져 괴로워할 때 옆에 있어 주고 하소연을 들어 주면서 그를 위로해 준다면 나를 차 버린 나쁜 사람보다 훨씬 괜찮은 이런 사람을 왜 몰라봤을까 하는 생각이 들 것이다.

이성사람친구가 육체적, 정신적으로 힘들 때 기회를 놓치지 말고 적극적으로 공략하는 방법은 전설적으로 전해져 오는 고전적인 연애의 기술이다.

여자가 봐도 괜찮은 여자
VS. 남자가 봐도 괜찮은 남자

여자와 남자의 수많은 차이, 그중에서도 끝없는 논란의 중심에 있는 문제 중 하나는 '과연 남자는 남자가 제대로 보는 것일까? 여자는 여자가 평가해야 옳은 것일까?' 하는 것이다. 사실 이 말에는 상당히 중요한 진실들과 상당히 큰 무지들이 혼용되어 있다.

여자에게 남자친구가 생기면 주변 사람들은 친오빠 같은 마음으로 남자친구를 데리고 오라고 한다. 혹시 데리고 가 보았는가? 필자가 지난 12년 동안 소위 말하는 퀸카 같은 여자와 썸을 타고 친해지는 과정에서 가장 큰 경쟁자는 친오빠 같은 위세를 가장한 남자들을 하나씩 물리치는 것이었다.

그들은 너를 아낀다고 말하지만 사실상 이성적으로 접근할 기회만 노리는 남자들이 많았다. 그 친오빠를 자처하는 남자들은 그녀와 필자가 데이트할 때 또는 둘만의 시간을 보낼 때 쉴 새 없이 문자와 전화를 해 댔고 남자와 있다는 것에 공식적으로는 환영했지만 늘 시기와 질투, 경계를 하였다.

그녀는 항상 "아니야, 오빠가 오해하는 거야. 그런 사람들이 아니야."라고 방어했는데, 그 인기 많은 퀸카녀들은 진심으로 그렇게 착각을 하고 있었다. 이것은 사회적으로 그루밍 법칙에 의거해 이성적으로 접근하지 못해 친구로 남게 된 그 사람들을 자신의 진정한 지인으로 믿게 하는 것 같았다.

여자는 여자가 봐야 알 수 있다는 말에 여자친구가 생기면 친남매나 여자 지인들에게 소개하는 남자들이 있다. 여자는 좋아하는 남자가 여자친구가 생겼다면서 소개한다면 남자처럼 분노하고 시기 질투하면서 다음 기회를 기다리지는 않을 것이다. 실망하고 다른 인연을 찾을 가능성이 높다.

물론 믿을 수 있는 여자 지인들이 있다면 보여주는 것이 좋다. 당신을 진심으로 아껴 주는 여자 지인들은 그 여자친구에 대해서 평가하기보다는 당신의 장점을 어필하고 연애 상대로 보장되고 검증된 좋은 남자라는 것을 확신시켜 줄 것이기 때문이다.

여자는 남자와 달리 이성적으로 접근하고 싶어 하지만 자격이나 기회가 안 되어서 참고 기다리겠다는 사람은 남자보다 확실히 적다. 좋은 지인은 친구로서 당신에게 좋은 조언도 해 줄 것이다.

문제는 남자가 여자친구를 데리고 왔을 때, 여자들이 생각하는 기준은 다르다는 것이다. 여자 역시 좋아하는 남자를 데리고 왔을 때 남자들이 생각하는 그 남자의 기준에서 벗어나기 마련이다.

좋은 지인들은 당연히 상대방의 연인에게 훌륭한 칭찬과 평가를 해 주겠지만 자신들이 생각하는 기준과 다르기 때문에 조금씩 의아해한다.

여자의 입장에서 남자가 데리고 오는 여자들을 보면 하나같이 어리고 예쁜 여자들이다. 여자들은 이것을 이해할 수 없다면서 남자가 여자를 보는 눈이 없거나 저 어리고 예쁜 여자가 그 남자를 홀린 것이 아닌가 하는 의심을 하기도 한다.

반대로 남자의 입장에서는 저렇게 멋진 여자가 왜 저런 남자랑 사귀는 것인지 의아해하면서 십중팔구 그 남자는 돈이 많을 것이라는 추측을 한다.

이 두 개의 예시를 놓고 판단해 보았을 때 가가은 맞는 말일까? 일던 남자가 어리고 예쁜 여자만을 좋아한다고 생각하는 여자의 시각을 보게 된다면, 이 남자는 생존에 있어 여자에게 크게 바라는 것이 없다. 자신이 좋아하는 이상형에 가까운 여자를 만나면 그만이다. 그러나 여자는 생존과 삶에 있어 남자를 보는 기준이 많이 있다. 좋은 이성친구이자 좋은 남편이자 좋은 동반자이자 좋은 보호자여야 한다는 것이다.

간단하게 말해서, '결혼 상대를 고르시오.'라고 했을 때 남자는 여자의 외모만 보고 "저 사람이랑 결혼할래요."라고 하고, 여자에게 남자들을 보여주면서 "누구랑 결혼하시겠어요?"라고 물으면 "직접 만나 보고 결정하겠다."고 한다는 것이다. 이것은 남자들이 단순 무식하거나 사려 깊지 못해서이거나 또는 외모지상주의가 아니다. 서로 필요충분 요건의 기준이 다르다는 것이다.

여자의 입장에서 남자를 판단할 때는 앞에서 말한 이성친구, 남편, 동반자, 보호자로서의 자격을 모두 갖추었어도 그가 나를 진심으로 좋아해 주지 않는다면 이 결혼은 아닌 것 같다고 할 수도 있다. 이 조건을 다 갖추고 있어도 가장 중요한 것이 나를 진심으로 더 사랑해 주는가 하는 핵심요소이기 때문이다.

어떤 계기나 어떤 사건으로 이상형이 아닌 남자라도 심쿵하게 하고 가슴 떨리게 한다면 그에게 마음이 열리는 것처럼 말이다. 지금까지 본 적 없는, 다른 남자와 차별화된 그의 순수한 진심 그리고 인간적인 성품에 반할 수도 있다(성실하고 인간 됨됨이가 된 사람은 사회생활에서 사람들에게 인정도 더 잘 받아 성공할 확률도 높다).

그런데도 그 여자를 좋아하는 남자들은 이런 드라마 같은 스토리는 전혀 모르면서, 남자친구라고 소개하면 '그녀는 왜 나를 선택하지 않고 저런 남자랑 사귀는 것일까?' 하며 근거 없는 추측을 하고, 결국 분명히 남자가 돈이 많을 것이라고 결론짓는다.

남자와 여자가 누군가를 처음 보고 판단하는 기준과 일련의 과정은 이렇게 다르다.

내가 좋아하는 남자
VS. 나를 좋아해 주는 남자

오랫동안 연구를 하고 고민했다. 과연 내가 좋아하는 남자와 나를 좋아해 주는 남자, 이 둘 중에 누구랑 사랑을 이루어지는 것이 가장 좋은 결말일까 하는 것이다. 결혼은 가슴이 뛰는 남자, 죽고 못 사는 이성친구와 하는 것이 가장 바람직하다고 하는 논리와는 상충되기도 한다. 이 논리에 따르면 당연히 내가 죽도록 좋아하는 이성과 결혼하는 것이 좋은데 꼭 그런 사람만 있지도 않고 꼭 그런 상황에 있는 것도 아니기 때문이다. 필자가 말하는 것은 그런 이성을 만나면 모든 걸 걸어볼 이유가 있다는 것이고, 주변에 좋은 남자들이 많이 있다면 그 이성들이 대동소이한 조건이 있다는 상황에서의 이야기이다.

사람들이 연애하고 결혼하는 많은 상황을 지켜보고 수많은 이성을 만나보면서 내린 결론은 내가 좋아하는 남자, 나를 좋아해 주는 남자 중 누구랑 만나는 것이 더 행복한가는 사람마다 성향마다 다르다는 것이다.

나를 더 사랑해 주어서 잘 챙겨주고 연애가 편안하다면 나를 더 좋아해 주는 남자와 연애를 하는 것이 바람직하고 어떤 이유와 상황 등은 전혀 필요 없고 오직 내가 좋아하는 남자만 옆에 있어 준다면 만족한다는 사람은 자신이 더 좋아하는 남자랑 사귀는 것이 좋다.

그 누군가에게 꼭 자신을 더 사랑해 주고 좋아해 주는 이성을 만나라고 권하는 것도 나쁜 방법은 아니지만 사랑받는 쪽이 훨씬 더 행복하고 연애가 편안해진다면 자신을 더 좋아해 주는 이성친구를 만나 연애하고 결혼하는 것이다.

실제로 어느 한쪽에게 헌신적인 큰 사랑을 받아본 사람은 알겠지만 그것은 정말 하늘이 내린 가장 큰 축복 중 하나이다.

13부

여자와 남자의
이성친구 판단 기준

첫눈에 반했다는 말은
진심일 가능성이 더 높다고?

우리가 흔히 쓰는 '금사빠'라는 말이 있다. 내용인즉 '금방 사랑에 빠진다'라는 말의 줄임말인데 간혹 일각에서는 금사빠가 생각이 짧거나 감정을 남발하거나 헤픈 사람처럼 여겨질 때노 있다.

이성저으로 생각했을 때는 생전 치음 보는 사람을, 그 사람에 내해서 아무것도 모르는데 어떻게 사랑한다고 말할 수 있지? 하는 의문이 당연히 들 것이다. 사람을 좋아하는 것을 마치 물건을 선택하고 구매하는 것에 비유해 이성적이고 합리적인 이유가 존재해야만 사랑이 가능하다고 여겨서는 안 된다.

금사빠들의 첫눈에 반한다는 반응에 회의적인 사람이라 해도, 사실 그들 역시 생활 패턴을 살펴보면 충동적인 소비나 즉흥적인 말과 행동도 많이 하고, 사람을 사귀거나 이성을 만날 때를 살펴봐도 어떤 순간을 기점으로 해서 친해지거나 사귀게 된다는 것을 알 수 있다. 즉 사실상 대부분 이성적이 아니라 감성적인 어떤 순간에 사랑을 한다는 결론이나 관찰 결과를 얻게 된다.

자신은 충동구매를 전혀 하지 않는다고 해도, 예를 들어 옷을 살 때 AI의 인공지능을 동원하여 내 몸무게와 사이즈, 옷의 재질과 색감 등을 빅 데이터에 입력해 확률 통계 계산을 하고 구매하는 사람은 없다.

거의 모든 남녀는 옷을 보는 순간 '멋지다, 예쁘다'라고 직관적으로 판단하고, 몸에 맞지 않아 그 옷을 입을 수 없으면 다이어트를 해서라도 입고야 말 것이다. 이와 같이 매력적인 이성을 보았을 때 남녀 대부분은 직관적으로 예쁘다, 멋지다고 판단한다. 그것을 빨리 인지하고 감정표현에 솔직한 사람이 우리가 흔히 말하는 금사빠로 "첫눈에 반했습니다."라는 출력이 나오는 것이다.

어떤 측면에서는 사람 보는 안목이 좋은 사람이 금사빠가 되거나 첫눈에 반하는 사랑을 할 수 있다. 누군가를 오래 지켜보고 겪어 보아야 그 사람을 알 수 있고 확신할 수 있는 사람이 있는 반면 한눈에 직관적으로 사람을 알아보는 사람도 많다는 것이다.

사업 아이템이나 재테크 투자에 있어서도 경제전문가의 견해와 빅 데이터 자료를 바탕으로 신중하게 결정하는 사람도 있겠지만 자신의 지식과 경험을 믿고 소신껏 밀고 나가는 사람도 있다.

각각의 장단점이 있고 사람마다 기준이 다르겠지만, 흔히 말하듯 '어떻게 첫눈에 반할 수가 있지?'라고 의심을 품는 것은 의심 자체가 잘못된 것이다. 그렇게 말하는 사람들조차도 어느 순간 어느 감성적인 기점을 계기로 연애를 하고 물건을 구매한다는 것을 알아야 한다.

우리의 말과 행동, 삶에서 직관적이고 본능적인 결정을 내리는 순간은 아주 많이 있다. 첫눈에 반하지 않고는 본능적으로 남자의 마음을 움직일 수 없으며, 직관적인 감정 없이는 대부분 여자의 마음을 움직일 수 없다는 것을 알아야 한다.

여러 이성에게 첫눈에 빨리 또는 많이 반한다는 것은 그 사람의 감정이 헤픈 것도 경솔한 것도 아니며 그만큼 괜찮은 이성이 이 세상에 많이 있다는 빨리 많이 알아본다는 증거다. 금사빠들은 그런 사람들을 빨리 또는 많이 알아보는 것이고, 자기 자신에게 오히려 그만큼 솔직하고 감정을 표현할 줄도 안다는 것임을 알아야 한다. 이런 사람이 연애에서도 인생에서도 성공할 가능성이 높다.

남자는 이상형,
여자는 기피대상을 먼저 찾는다

앞에서 설명했듯이 이성을 볼 때 남자의 기준과 여자의 기준이 다르며, 서로 일련의 판단 과정이 확연히 다르고 그 결과도 다르게 되어 있다. 남자는 대화 한번 해 보지 않은 여자를 보고도 '어? 저 여자 내 스타일이다 → 첫눈에 반했다 → 저 여자랑 결혼할래!'라는 3단 전법이 가능하고 또 대부분 그렇게 첫눈에 좋아한 사람을 따라다닌다.

여자 역시 멋진 음악과 함께 문을 열고 들어오는 멋진 남자가 당연히 더 멋져 보이겠지만 왜 옆에 친하게 지내는 남사친과 더 잘 이루어지는 것일까? 여자는 상대방을 만나보고 여러 가지를 알아가면서 더 호감이 생기는 특성 때문이다.

종합해 보면 남자는 첫눈에 '어? 저 여자 예쁘다.' 하고는 잘해주며 따라다니고, 여자는 한 번 두 번 계속 마주치다 여러 가지 면을 알게 되면서 남자에게 조금씩 호감을 가진다는 공식이 성립하는 것이다.

남자는 대부분 자신의 이상형이 확실하다. 좋아하는 남자가 있다면 이상형이 어떻게 되느냐고 한번 물어보라. 무엇인가를 의도하거나 '혹시 솔직하게 표현하면 내 이미지에 타격이 있지 않을까?'라고 생각하고 말하는 남자는 없다. 그래서 그 남자가 말하는 이상형은 100% 진실이다.

반대로 여자는 "이상형이 어떻게 돼요?" 하고 물으면 대부분 '느낌이 좋은 남자, 말이 잘 통하는 남자'라고 말한다. 물론 구체적으로 연예인 누구라고 말하기도 한다. 그러나 만약 실제로 그 연예인이 갑자기 나타나서 "우리 혼인신고서에 지장 찍자!"라고 한다면 여자는 당황하거나 충격을 받을 것이다. 여자가 남자를 진심으로 좋아하게 되는, 그를 알아가는 과정이 없었기 때문이다.

그럼 이 '느낌이 좋은 남자' '말이 잘 통하는 남자'의 구체적인 실체는 무엇일까? 실체는 없다! 재차 강조하지만 여자도 남자를 만나 봐야 알 수 있다는 것이 정답이다. 그래서 일단은 자신이 남자를 보면서 거부감이 드는 요소, 싫어하는 요소부터 먼저 생각하게 된다. 즉 가능성을 열어 둔다는 것이다.

남자는 이상형이 정해져 있어서 능동적으로 그 이상형을 공략하는 능력이 발달해 있고 실제로 행동으로 옮긴다. 여자는 우선 좋은 남자들의 후보군 중에서 가장 좋은 남자를 선택하는 상황이 반복되면서 제일 먼저 '이런 건 안 돼! 이런 점이 있으면 탈락이야!'라는 수동적 태도를 가지게 된다.

이상형과 연애 만족도는
여자보다 남자가 높다

오랜 기간 관찰한 결과, 남녀 모두 대부분 연애와 결혼에 만족한다. 연애와 결혼 초에는 말이다. 시간이 흐르면 남녀 모두 눈의 콩깍지가 벗겨지면서 이성적으로 서로를 다시 바라보게 되는데 남자는 절반 이상이 역시나 이상형과 연애와 결혼했다고 응답한 반면 여자는 30~40% 정도만 이상형과 결혼했다고 응답했다.

놀라운 사실은 이상형과 결혼했느냐는 질문에 긍정적으로 응답한 비율과 지금의 결혼생활에 만족하느냐는 질문의 긍정 응답 비율이 신기하게 비슷하다는 것이다. 지금의 결혼생활에 만족하느냐는 질문에 남자의 절반 이상이 대체로 만족한다는 응답을 한 반면에 여자는 30~40% 정도가 만족한다고 응답했다.

이것이 의미하는 바는 남녀 모두 가슴 뛰는 진정한 사랑 앞에서는 모든 것을 걸 수 있다는 전제를 꼭 말하고 싶다. 의도하지 않게 남자와 여자의 조건 프레임 대결이 되는 것을 바라지 않기 때문이다.

남자는 우선 여자의 외모부터 보기 시작해 연인으로서의 이상형을 가장 많이 본다. 한식조리사 자격증 2급 보유, 빨래와 청소를 1시간에 얼마만큼 처리하고, 직장은 공무원이라는 것 등의 조건을 우선적으로 따지지 않는다는 것이다.

그에 비해 연애와 결혼을 유지하면서 주로 관리를 하게 되는 여자 입장에서는 피부로 느껴지는 직업, 경제력, 성격, 가치관, 학력을 통해 드러나는 모습들을 남자보다 민감하게 감지하고 고려하게 되는 경우가 더 많다.

그렇다고 여자가 남자의 외모를 전혀 안 보는 것은 아니다. 단 잘생긴 남자는 여자에게 다른 매력 요소들을 어필하는 데 아주 많이 유리하다는 정도이며 남자처럼 여자의 외모가 결정타로 작용하지는 않는다.

나는 OK 너는 NO,
연애와 사랑에 대한 가치관

참 유명한 말인데 이것은 남녀 간에 반드시 알아야 할 배려 같은 것이다. 우리는 주변에서 남의 말을 쉽게 하고 쉽게 판단하는, 특히 집단적으로 그렇게 매도해 버리는 경우를 종종 볼 수 있다.

예를 들어 A라는 남자와 사귀다가 헤어지고 남자 B와 사귀게 되었다. 그 전후 사정은 당사자만 알 것이다. A에게서 그동안 말 못 할 데이트폭력이나 성폭력을 당했다든지 그 남자의 술버릇이나 여자관계 등을 생각하지 않고 B를 만나는 것을 너무나도 쉽게 생각하고 판단하게 된다. 특히 나이가 어릴수록 이런 경우는 심해지는데 아마도 자신이 누리지 못하는 양다리에 대한 부러움과 분노 등 또는 스트레스 해소, 화풀이용 희생양이 될 수도 있을 것이다.

이유야 어찌 되었든 필자는 모든 사람들이 치정이나 남녀관계에서 있어서만큼은 정말 신중하게 말하고 판단했으면 좋겠다. 연애상담을 많이 하면서 정말 솔직하게 털어놓는 남자들에 반해 여자들은 결정적으로 털어놓지 못하는 경우도 종종 있었기 때문이다. 남자 연애상담사가 아니라 같은 여자라면 이해해 줄 수 있을까? 아마 그럴 수도 있고 평생 주홍글씨가 새겨지게 되니 비밀로 할 수도 있을 것이다.

또 다른 경우는 자신이 하는 사회생활과 이성친구가 하는 사회생활에 대해 다르게 판단하고 대응하는 경우이다. 남자이건 여자이건 상관없이 자신은 동성 이성 가리지 않고 많은 지인들을 만나고 친하게 지내면서 이성친구에게만은 매우 엄격한 것을 보았다. 사실 이 같은 경우도 많은 부분에서 아직 덜 성숙되고 미숙한 친구들이 이런 행동을 많이 했는데, 예전에 알던 동생인 남자 지인들과 모두 단절되어 살고 있었다. 그 이유를 물어보니 남자친구가 너무 싫어해서 거의 모든 인간관계를 신경쓰는데 이것에 매우 화를 내고 짜증을 내면서도 사랑이라는 굴레 때문에 어쩔 수 없다는 입장이었다. 항상 말했지만 이깃은 사랑이 아니고 남자친구라는 사람이 매우 미숙하고 정신병에 가까운 열등감과 집착증이 있음을 100% 확신한다.

근데 필자는 여기에 늘 의구심을 가지게 된다. 필자 역시도 정말 예쁘고 멋진 여자들을 많이 유혹하고 사귀어 보았지만 그들의 남자 지인과 연락하는 것을 인위적으로 막지는 않았다. 물론 의도가 드러나는 남자들도 있었지만 대충 눈치만 주어도 알아서 정리하거나 내 신경을 거스르지 않는 선에서 잘했기 때문이다. 즉 여자친구가 나를 만남으로써 오히려 더 힘들어지는 상황 자체를 만들어 주지도 않으며 그녀가 그렇게 되기를 바라지도 않는다.

정말 서로에 대한 사랑과 믿음이 있다면 그럴 수 없을뿐더러 내 여자친구에게 접근하는 남자가 어떤 남자이건 나는 자신 있다는 약간의 자신감도 같이 결합된 형태라고 할 수 있다. 서로를 만나서 더욱더 힘들어지고 자기계발에 도움이 되지 않는다면 그건 사랑이 아니라 서로를 구속하는 불행이 될 것이다.

마지막의 경우를 살펴보면 선수들끼리 만나는 경우이다. 수천 번 여성을 유혹하고 수없이 많은 여성을 만나온 필자가 처음 만나는 여자에게 늘 하는 행동은 바로 순수한 척, 착한 척이다. 기분 따라 감정 따라 말을 많이 하게 되면 정말 재미있고 반응은 폭발적이지만 늘 돌아오는 말은 '완전 선수네~'라는 반응이었다. 너무 노련하고 너무 능수능란해서 오히려 감정이 확 떨어지는 경우가 많았다. 이것이 필자에게 연애 선수로서 매우 큰 충격과 과도기를 겪게 해 준 것이다.

그 기간이 지나서 필자가 터득한 것은 '아닌 척하면서 어떻게 할 거 다 할 수 있을까'였다. 근데 이런 스타일의 말이나 행동은 여자들도 많이 하는 것이다. 한 사례를 들어보면 필자가 머리부터 발끝까지 스타일링을 다 끝내고 번화가에 놀러 갈 때면 늘 마음속으로 생각하는 것이 있다.

'조용히 가서 조용히 놀고 와야지, 남의 눈에 최대한 안 띄어야지'라는 마음가짐이다. 왜냐하면 예전 한참 선수시절과 연애강사로 활동하던 시절에 너무 많은 동성과 이성들에게 노출되었기 때문이다.

이성을 만나거나 만나기 위해 지인들과 놀러 갈 때면 최대한 조용히 있으면서 마음에 드는 이성에게만 조용히 접근해 컨택(contact)하고 조용히 사라지는 것을 원칙으로 했다. 즉 필자가 최고수인 줄 알면서도 늘 제일 눈에 안 띄려고 노력했고 특히 클럽과 나이트는 너무 많이 다녔기 때문에 늘 조용조용히 다녔었다. 어차피 자주 보는 선수들은 늘 마주치기 때문에 어쩔 수 없지만 마음에 드는 예쁜 일반인 여자에게는 절대 그런 것을 들켜서는 안 되었기 때문이다.

필자는 학교 다닐 때나 사회생활을 하는 지금도 내 사회적 지위나 상황이 있기 때문에 지인들에게 한 번도 연애전문가이니 고수이니 하고 말한 적이 없었다. 그러나 늘 하수도 안 되는 사람들이 요란하게 자랑하거나 눈에 띄게 다녔다. 그리고 자칭 이성을 많이 만났다고 자랑하는 남녀 모두 만나보았지만 대화를 하거나 실력을 보면 역시나가 역시나였다.

그래서 사람들에게 잘못된 조언들을 아주 많이 해 주고 잘못된 연애로 인도하는 경우도 너무 많이 보면서 참 안타까웠던 적이 한두 번이 아니다. 즉 자신의 경험이 오직 진리이고 유일한 길이고 나머지는 모두 이단이라는 식의 연애상담과 연애이론은 그것 자체가 잘못되었다는 것이다.

필자는 늘 이 말을 꼭 해 주고 싶었다. 이 세상이 아니라 대한민국에서만 보더라도 내가 최고일까? 내가 경험한 연애와 상담한 자료만 최고일까? 말도 안 되는 소리이다. 나보다 더 연애실력, 유혹의 기술이 뛰어난 남자들은 하늘에 별처럼 실제로 많았고 더 다양하고 더 올바른 연애상담을 해 주는 똑똑한 일반인들도 아주 많다. 만약 여러분들의 지인 중에 자신의 연애 경험이 전부인 양 말하고 자신의 연애상담이 전부인 양 말하는 자칭 연애전문가가 있다면 그 사람이야말로 가짜이다. 이 서적의 분류가 수학이라면 늘 필자의 말에 '~이다'로 끝을 냈을 것이다. 그러나 자세히 본다면 필자는 늘 이렇게 이야기한다, 그렇게 하면 가능성이 가장 높았다. 사람의 마음을 다루는 분야에서, 특히 남녀관계와 연애 분야에서만큼은 아마도 이 표현이 더 정확하고 100%는 없다고 해야 더 옳을 것이다. 왜냐하면 100번의 상황에서 100번 모두 같은 결과가 나왔다 할지라도 101번째는 다른 결과, 다른 결론에 도달하는 남녀가 있기 때문에 그렇다.

좋아하는 마음이 너무 강하고 서로에 대해 너무 알고 싶은 나머지, 많은 커플들은 더 많은 것을 알고 싶어 한다. 30대인데도 왠지 내가 처음이었으면 좋겠고 왠지 내가 최고였으면 좋겠고 하는 바람은 여자나 남자 모두에게 있다.

근데 나뿐만 아니라 모든 사람들이 정말 사랑하는 연인에게 그런 상대가 되고 싶고 그렇게 되었으면 하는 마음은 있지만 그것을 구체적으로 실행하지는 않는다. 더 호감을 얻기 위해 이 사랑을 더 잘 유지하기 위해 노력할 뿐이지 정말 아닌 줄 알면서도 내가 처음이고 싶고 내가 최고이고 싶은 마음을 그대로 상대에게 표출하는 경우도 있게 된다.

이것은 판도라의 상자를 조금씩 열다가 어느 순간 다 열게 되는 것과 마찬가지인데 그 끝에는 희망이라는 것도 남아 있지 않게 된다.

처음에는 좋아하는 마음에서, 그 다음에는 사랑하는 마음에서, 그리고는 소유하고 싶어 하는 마음에서 그의 모든 것을 공유하고 싶고 알고 싶어 하는 마음에 조금씩 캐물어보다 또는 수소문을 하다 조금씩 알게 되는 그의 과거에 대해서 어떻게 생각할 것인가?

물론 대부분은 평범한 보통의 사람처럼 그저 그런 연애스토리나 썸이나 사건사고 등이 있을 것이다. 일부는 아마도 굉장히 불량했을 수도 있고 매우 여자관계가 화려했을 수도 있을 것이다.

사람에 따라서 그 기준이나 용납의 범위가 다 다르겠지만 만약 여자의 생각에서 훨씬 벗어나 큰 과거가 있게 된다면 그것을 어떻게 생각할 것인가? 그래도 결혼할 사이라면 무조건 다 알고는 있어야 된다면 어쩔 수 없지만 모르는 게 약이라면 어떨까?

물론 채무나 직업, 지병이나 범죄 같은 전력은 반드시 알아야 하겠지만 세상을 오래 살다 보면 앞에서 말한 채무, 직업, 지병, 범죄 등 심각한 사안이 아니라 단순히 연애가 많거나 내 지인과 막장이었거나 등의 상황은 웃고 넘길 수도 있을 것이다.

필자가 경험해보니 과거 연애경력보다는 그가 지금의 연인을 얼마나 좋아하고 충실한가, 그리고 앞으로 신뢰할 수 있고 우리 관계가 믿을 수 있는가가 중요할 것이라 생각한다.

다양한 이성을 만났다는 것은 그만큼 매력이 있거나 건강하다고 볼 수도 있을 것이다. 남녀 모두에게 말이다.

14부

연애를 글로 배운다고?
잘못된 연애백서

연애를 글로 배우면 바보다?
공부는 왜 책으로 배워!

　사람들은 '연애를 글로 배우는 바보들'이라고 하면서 연애는 글로 배우는 것이 아니라 실전이라고 한다. 특히 우리나라는 실전을 아주 중요하게 여기면서 정말 신기하세도 학문을 더 중요하게 생각한다. 사실 영어를 하는 이유는 외국인과 대화하기 위함인데 영국인이나 미국인노 노르는 고대 문법을 수능시험에 출제하는가 하면 과학을 위한 과학이 아닌, 현장에서는 아무 쓸모도 없는 아주 희귀한 공식을 시험에 제출한다.

　실전을 중요시하는 군대에서는 이론이 필요 없을까? 군대를 갔다 온 사람은 알겠지만 군대에서도 군사교육을 상당히 많이 한다. 온갖 전략 전술과 다양한 무기체계를 공부하는 심지어 분대장 교육대에서 시험도 실시한다. 병사들의 수준이 이러한데 부사관이나 장교들의 이론 교육은 얼마나 높을까?

　이론이 올바로 정립되지 않고는 절대 실전에 능할 수 없다. 빠른 판단력과 올바른 행동력, 유동적 전략전술은 어디에서 나올까? 바로 군사 이론과 상식에서 나온다. 자신의 개인적인 경험에만 근거해서 전투를 치른다면 개인 독선으로 무조건 패배하게 되어 있다. 실전만 하면서 개인적인 경험이 많이 있다 할지라도 올바른 교육을 받지 못한 장교는 군대를 패배로 인도하는 것을 우리는 수도 없이 많이 봐왔다.

이렇듯 공부나 운동, 군대 등 다양한 분야에서 이론은 반드시 필요한 것인데 연애에서만 일명 선배나 지인이라는 개인적 소견이나 경험에 너무 의존하면서도 아무런 이론 교육 없이 실전에서 패배하고, 또 지인이나 선배의 개인적 독단적 소견을 듣고 또 실전에서 패배하는 악순환이 되풀이되는 것이다.

공부나 취업, 결혼, 육아는 중요하게 생각하면서 연애의 기술을 배우고 익히는 것에는 천박하고 부끄러움을 느끼고 예쁜 여자나 좋은 여자를 만나 연애하고 결혼하는 것을 보고 부러워하는 사람이 너무나도 많다는 것이다.

이제 확실하게 정리를 하자면, 연애는 올바른 사람에게 이론부터 정확하게 배우고 실전에 나가야 한다. 연애를 글로 배운다고 비웃는가? 못 배운 사람들의 말을 믿지 말라! 연애도 이론부터 정확하게 정립을 해야 올바른 안목과 좋은 여자를 구별하고 사귈 수 있는 능력도 생기고 제일 중요한 본인의 노력이 헛수고가 되지 않는다.

데이트 정석!
여자가 리드하는 '연애의 기술'

어릴 때에는 실제로 진정한 연애나 사랑을 해 보지 않아서인지 시크하고 차가운 도시 남자나 섹시한 남자를 선호했다면, 나이가 들수록 나에게만 친절하고 상냥한 남자를 선호하는 여자들이 많아진다. 이는 연애란 그만큼 상상이나 보고 듣는 것으로는 안 되고, 직접 경험하면서 터득하는 것이 더 좋음을 말해 주는 것이다.

물론 진정 사랑한다면 오래 사귀어야 하고 오래 만나야 하겠지만, 많은 남자를 만나 보는 것이 앞으로의 연애를 위해서라도 결코 손해 보는 경험은 아니라는 것이다. 이렇듯 많은 남자와 연락하고 만나 보는 것이 남자 보는 눈을 더 정확하게 하고, 남자에 대해 더 잘 알아 가고 진정 가치 있고 좋은 남자인지를 알아볼 수 있게 될 것이다.

연락하고 지내거나 만나는 남자 지인이 세 명 정도 있는 것이 남자를 만날 수 있는 여지를 남겨두는 것이 될 것이고, 한 명의 남자에게 집착하거나 원인도 모르고 차이는 일은 없어질 것이다.

남자를 리드하고 데이트를 이끈다는 것은 데이트코스를 먼저 짜 오는 것을 의미하는 것이 아니다. 여자가 리드하는 연애의 기술의 궁극의 목표는 프레임에서 여자가 남자보다 변함없이 우위에 있기 위함이다.

먼저 착한 여자들이 빠지기 쉬운 유형 중 하나가 그 남자와 정신적 유대감을 쌓게 되면 그다음부터 그 남자에게 헌신하고 많은 것을 주는 것이다. 착한 남자와 나쁜 남자가 원래부터 정해져 있기도 하겠지만, 상당수는 여자가 어떤 대상이냐 어떤 사람이냐에 따라서도 많이 달라진다는 것을 알아야 한다. 아무리 여자에게 초반부터 호감이 높다 할지라도 남자가 원하는 모든 것을 한 번에 다 들어주면 고마워하기보다는 당연하게 여길 것이다.

이것은 남자만의 심리가 아니라 사람의 본성이다. 그래서 썸을 타는 초반부터 연애 기간 동안 지속적으로 여자가 우위에서 리드하는 프레임과 관계를 만드는 것이 리드하는 연애의 기술이라고 할 수 있다.

썸이 아닌 오랜 연인이라 할지라도 자기 일과 자기계발에 절대 소홀히 해서는 안 된다. 또한 자신의 일과 스케줄을 모두 남자에게 맞추는 것은 장기적으로 봤을 때도 매력이 점점 떨어지고, 다른 남자를 만나게 되었을 때도 자신의 모습이나 남는 것이 하나도 없어진다.

이 모든 상황을 고려해서라도 자신의 업무나 자기계발을 1순위에 두고, 남자친구나 연인을 2순위로 두어야 한다. 물론 이것을 노골적으로 남자에게 "너는 2순위야!"라고 한다면 남자친구의 기분이 나빠져서 "너는 항상 네가 먼저잖아!" 혹은 "너는 나보다 네 일이 먼저잖아!"라는 식의 반격이 들어올 것이다.

이런 말을 들으면 진심과 다른 남자친구의 반응에 마음이 아플 수도 있으니, 절대 2순위라는 것을 노골적으로 드러내거나 강조하는 것이 아니라 자기 일과 인생에 충실한 모습을 보이면서 나는 소중한 여자라는 느낌을 전달하는 것이다. 이는 항상 바쁜 척을 하라는 것이 아니라, 항상 자기자신 본연의 매력 있는 모습을 유지하라는 것이다.

첫사랑 못 잊는 남자!
전 여친과 연락하는 남자!

　사실 남녀에게 첫사랑, 첫 추억, 첫 경험 등을 안겨 준 이성친구에 대한 기억은 남다르다고 할 수 있다. 남자만 첫사랑을 잊지 못하는 것이 아니라, 여자 중에서도 가끔 특정 무엇인가를 보거나 들었을 때 첫사랑과의 추억을 연상하곤 하기 때문이다.

　그런데 문제는 여자는 이러한 첫사랑에 대한 연상이 단지 기억 속에서만 끝이 나고 지금의 남자친구가 있다면 잊고 사는 반면, 남자는 가끔 추억과 가슴에 묻지 않고 실행에 옮긴다는 것이다.

　물론 그 첫사랑이 지금의 애인이고 아내라면 정말 멋진 러브스토리가 만들어지겠지만, 그것이 성인에 이르러서 여자친구가 있는데 동창회에서 만나게 된다든지 결혼 후에 찾게 되거나 만나게 되면서 일이 벌어진다는 것이다.

　여자는 지금의 남자친구나 남편에게 충실하려고 노력하지만, 남자에게는 지울 수 없는 추억이라는 것이 있어 지금의 여자친구나 아내를 보면서도 가끔 옛 연인을 생각하기도 한다.

당신에게 어느 날 갑자기 전 남자친구에게서 연락이 오는 것도 이 때문이다. 헤어진 후에 지금 만나는 여자친구가 불만이거나, 행복하더라도 그 시절의 그녀는 잘 살고 있는지 궁금한 연민 때문이다. 물론 이성친구가 없어서 또는 아직 좋아하는 마음이 남아 있는 등 여러 가지 이유에서도 연락을 다시 한다.

한편에서는 전 남자친구가 다시 연락하는 것에 대해 '너랑 자고 싶어서 연락하는 것이다'라 의견도 있지만, 이는 소수의 의견이거나 의도일 것이다. 이에 대해 부정하지는 않지만, 모든 경우에 적용할 수는 없다. 전 남자친구에게서 연락이 오는 경우는 크게 세 가지로 나누어 설명할 수 있다.

첫 번째, 아직도 잊지 못해서이다.

남자는 경제적·사회적 등 여러 가지 상황에서 자신이 힘이 없고 여유가 없어서 잘해주지 못한 연인에 대해서 특히 더 연민을 가지게 된다. 당신은 그와 사귀면서 늘 힘들어하거나 나약한 모습을 보이고 약속을 잘 지키지 않는 그에게 단단히 실망하고 화가 난 기억밖에 없을 수도 있지만, 남자에게는 그 모든 것이 아픈 추억과 미안함으로 남아 있을 수도 있다. 지금 겨우 취업을 했거나 사업이 잘되거나 기타 문제들이 잘 해결되어서 이제 겨우 여유가 생기고 살 만하니깐 다시 그녀가 생각나서 연락하는 경우가 그 첫 번째일 것이다.

필자 역시 꼭 힘들고 여유가 없을 때, 엄청 좋은 여자였지만 제대로 잘해주지도 못하고 지켜 주지도 못해서 미안한 마음이 가득한 연인들이 몇 명 있다. 혼자이거나 여자친구랑 여유로운 행복을 누릴 때면 가끔 미안한 마음에 생각나기도 하고, 더 아주 가끔은 필자도 문자를 해보곤 한다. 말 그대로 '응답하라, 추억이여!'이다.

두 번째는 정말 다시 잘해 보고 싶은 마음에서 연락하는 것이다. 그녀랑 헤어지고 다른 여자들을 만나 보았지만 당신만 한 여자를 만나지 못하고 뒤늦게 후회하면서 다시 연락해 오는 경우이다. 남녀 성별을 떠나서 아쉬움이 큰 경우라고 할 수 있는데, 남자가 판단력 없이 행동했고 여자는 남자에게 대부분은 안 좋은 기억이나 추억이 마지막에 남아 있어서 다시 재회하기는 쉽지 않을 것이다. 여자가 받은 부정적인 감정도 무시할 수 없고, 다시 결합해도 여자는 늘 그 상처와 그 기억을 가지고 남자를 대하기 때문에 남자 입장에서는 두세 배 더 잘해야 하기 때문이다.

세 번째는 기타, 그녀의 사랑이 그리워서 다시 연락해 오는 경우와 필요에 의해서 무엇인가 팔거나 투자를 받기 위한 것인데, 이런 경우는 바보가 아니고서는 의도가 드러나서 다 알 수 있기 때문에 바로 연락을 끊으면 된다. 그런 남자를 사귀었다는 사실에 너무 화가 나고 내가 그것밖에 안 되는가 싶겠지만, 다시는 상대하지 않으면 되는 것이다.

돈 많은 남자면
무조건 만나도 될까?

    수많은 논란의 중심이 되는 주제가 있다. '돈 많은 남자는 무조건 좋은 남자인가?'라는 물음은 남녀 모두에게 화제가 되고 있다. 남자들은 돈 많은 남자에 대해서 어떻게 평가할까?

    여자가 남자와 사귀다가 더 이상 나를 사랑하지 않다고 느끼거나 여러 가지 감정적 이성적으로 실망을 느껴 헤어지게 되었다. 그리고 여자가 좋아하지 않았으나 오래전부터 알고 지낸 남자가 늘 옆에 있어 주었고, 조금씩 그에게 마음을 열어 사귀게 되었다. 이후 차였던 전 남자친구가 그 여자의 새 남자친구를 보게 된다면, 자신이 예전에 잘 해주지 못하거나 실망시킨 것에 대해서는 전혀 반성하지 않는다. 아주 공교롭게도 새로운 남자친구가 멋진 스타일과 외제차를 타고 다닌다면 전 남자친구는 매우 분노하면서 '역시 여자들은 돈 많은 남자에게 결국 가게 되는 거야.'라고 합리화를 하고 여자를 속물로 취급하면서 매우 험담할 것이다. 반대로 새로운 남자친구가 잘생겼거나 연하라면 '더 비난하면서 역시 밝힌다고 매우 분노할 것이다. 또 새로운 남자친구가 운동이 취미이고 좋아하는 타입이라면, '역시 정력을 좋아하는구나.'라고 합리화를 하면서 매우 비난하고 다닐 것이다.

절대 자신의 잘못이나 부족함에 대해서는 반성하지 않으면서 무조건 여자들은 돈이 많거나 잘생긴 남자를 좋아한다고 매도하게 될 것이다. 그러나 모든 여자들에게 있어서 외모와 재력은 플러스 요인이 될 뿐이지, 언제나 그 중심에는 소통하는 감정과 느낌이 있어야 한다는 것을 모를 것이다.

이런 점을 뒤로하고 여자 입장에서 남자친구가 돈이 많다면 이것에 대해서 어떻게 할 것인가? 사실 의도적인 경우를 제외하고는 이 같은 사실을 뒤늦게 알게 되는데, 그렇다 할지라도 무조건 좋아할 것만은 아니다.

남자친구가 돈이 많거나 많이 번다면, 반드시 그 돈의 출처에 대해서 알아야 한다. 이것은 연애 시절에는 문제가 되지 않더라도 결혼 생활에 있어서는 반드시 심각한 문제가 되기 때문이다. 남자친구가 돈이 많은 경우에 가장 많이 차지하는 부분이 바로 그 남자는 전혀 그런 재능이나 역량이 되지 않으면서 부모님이 재력가인 경우이다.

어디서부터 그런 근거 없는 소문이나 추측이 나왔는지는 모르지만, 가장 좋은 남편감 중에 1위가 바로 공무원도 자수성가도 아닌 아버지 회사에 취직한 남자라는 소문이 있다.

그 이유는 금 수저로 어린 시절을 보내면서 높은 수준의 생활과 풍족한 부모님으로부터 사랑을 듬뿍 받으면서 자라 열등감이 없고, 사랑을 많이 받아 봤기에 여자에게도 사랑을 많이 줄 수 있다는 것이다. 또한 자수성가나 전문직과 달리 돈을 잘 쓰고 여자에게 베풀 줄을 알며, 부모님의 재산으로 여유롭게 살 수 있다는 추측 때문이다.

그런데 부모님이 재력가인 자녀들의 절반은 그 재산을 지키지 못한다는 사실을 알아야 한다. 그중에 절반은 경제 개념이 없어 위기나 어려움이 닥쳤을 때 그것을 해결할 능력이 부족한 데 반해, 기대치나 수준은 높아서 힘든 현실에 적응하기 힘들다는 것이다.

이런 경우, 여자가 경제권을 쥐고 잘 관리하면 된다는 안일한 생각을 할 수도 있는데, 결혼해도 시부모님이 돌아가시고 수십 년간 같이 살지 않은 이상 남편 시댁의 돈은 여자의 것이 아니라는 사실을 알아야 한다. 즉, 통제가 안 된다는 것이다.

부모님과 상관없이 스스로 자수성가한 남자는 일단 능력 면에서 안심할 수는 있다. 앞에서 말한 것처럼 부모님에게 의지하는 것이 아니라, 부모의 배경을 활용하여 무엇인가를 이루었다는 것 자체도 일단은 능력이기 때문이다. 어쨌든 본인의 힘으로 노력해서 사회적 위치나 기반을 다졌다면 그것은 인정할 수 있다.

남자친구나 결혼을 생각하는 사람이 열심히 노력해서 사회적 위치와 기반을 다졌다면, 그것은 여자와 가정 역시 잘 지키고 이끌어 갈 능력이 충분하다는 증거가 될 것이다.

15부

영원한 사랑?
남녀의 숙명적 결말

남녀가 생각하는 사랑
- 남자는 섹스! 여자는 낭만!

모든 남녀가 사랑이 극에 달한다면 당연히 스킨십과 섹스는 필수일 것이다.

여자들이 생각하는 사랑이란, 그 남자와 대화를 통해 서로를 알아가고 정서와 감정적 교감이 1차적으로 이루어져야 한다. 서로 친밀감과 편안함을 통해서 신뢰를 쌓고 그 위에 마지막으로 육체적 사랑도 자연스럽게 이어지는 것이다. 즉, 스킨십은 일련의 스토리를 통해서 이루어지는 하나의 사건일 뿐이지, 최종적으로 달성해야 할 목표는 아니다.

그와 반대로, 남자가 생각하는 사랑은 그녀를 정복하는 것이 1차 목표이다. 일단 진화심리학을 근거로 보았을 때, 예쁜 여자는 외부 경쟁자로부터 자신의 여자라는 징표를 확실히 해 둘 필요가 있기 때문이다. 그것이 1차적인 급선무이다. 아무리 여자들은 아니라고 부정하여도 남자들이 경험상 터득한 것은 몸이 멀어지면 마음도 멀어지고, 정신적인 사랑보다는 육체적인 정을 잊을 수 없다.

즉, 섹스가 정신적 교류와 감정적 소통 중에 이루어지는 하나의 과정이라는 생각과 반대로, 대부분의 남자는 여자를 유혹하고 사랑을 이루는 1차적인 목표는 반드시 육체적 사랑, 즉 섹스를 통해서만 증명받는다고 생각한다.

아마도 선수가 아닌 보통의 남자들을 만나게 된다면, 스킨십에 있어서 후퇴는 거의 없을 것이다. 오늘 손을 잡았다면 반드시 다음에 만나서는 '손잡기 + 포옹'이다. 그 과정이 지나면 뽀뽀라고 할 수 있다고 가정한다면, 여자 입장에서는 그때의 분위기가 포옹까지 갈 수 있었지만 다음 데이트에서는 전혀 포옹까지 갈 아무런 감정이나 분위기가 형성되지 않는다면 포옹조차도 하지 않을 수도 있다.

남자에게는 연애 역시도 하나의 사냥이나 업무처럼 성과라고 볼 수 있다. 이건 여자가 사냥이나 업무의 대상이 된다는 것이 아니라, 그렇게 하는 것이 올바른 방법이라고 생각해서이다. 물론 남녀가 서로 좋아한다면 이런 말이나 고민 자체를 할 필요가 전혀 없을 것이다. 서로 바라보기만 해도 잘 이루어지기 때문이다.

문제는 여자가 소극적이거나 덜 좋아할 때, 남자의 적극적인 행동이나 리드에서 일어나는 문제점들이 대부분이다. 그래서 여자는 종종 남자의 행동에 당황하거나 화를 낼 수도 있다. 단지 진도를 나가는 것뿐이지만, 여자 입장에서 너무 빠르다고 생각하거나 아직 충분히 친밀함과 편안함이 형성되지 않아서 할 수 없다고 생각한다. 이에 반해 남자는 여자에게 첫눈에 첫인상에 대부분 호감을 느끼고, 이 호감은 섹스까지도 이미 'OK!'라는 전제하에서 시작된다는 점에서 서로 해석하는 것이 다르기 때문에 이러한 문제가 벌어진다.

여자는 이제 겨우 남자에 대해 알게 되고 알아 가는 과정에서 남자의 행동에 당황하게 되는 것이다.

대부분의 이상형을 본다면, 남자는 "드라마에 나오는 ○○○가 좋아요."라고 말한다. 이 말에는 대부분 외모와 몸매만 전제되어 있다. 성격은 차차 알아 가면 되는 것이라고 생각한다.

이와 반대로 여자에게 이상형을 물어본다면 "○○ 드라마에 나오는 ○○○ 같은 스타일의 사람이 좋아요."라고 말한다. 이 말에는 '외모+스타일+성격+가치관+여자친구에게 대하는 사랑의 방식' 등이 총망라되어 있다.

남자가 여자에게 바라거나 기준으로 삼는 것과 여자가 남자를 바라보고 기준으로 삼는 것은 이렇게 아주 다르다는 점을 명심하기 바란다.

남자 본능:
섹스에 대해 여자들이 오해하는 진실

첫 번째, 남자는 다 짐승이고 똑같다?

이 질문에 대해 남자가 짐승이기 때문에 여자가 편안하게 사랑이 이루어지는 관계가 형성된다고 답하고 싶다. 아주 나쁘게 표현해서 남자는 여자의 몸과 섹스만 원한다고 가정했을 때, 그 여자에게서 그것을 평생 얻기 위해 아마도 결혼을 선택한다는 것이다.

여자들이 들었을 때는 정말 영혼 없고 기분 나쁜 이야기일 수 있겠지만, 이게 사실이 아니라면 왜 가수나 연예인들이 외모 가꾸기에 거의 모든 힘을 집중할까? 소름 끼치는 연기와 가창력으로 남자들의 환심과 인기를 살 수 없기 때문이라는 것을 인정할 수밖에는 없다는 것이다.

두 번째, 남자는 처음 보는 여자와 섹스가 가능하다?

이 말에 어떤 이들은 무조건 'YES!'라고 답할 수도 있을 것이다. 그러나 이는 잘못된 답변이다. 남자는 처음 보는 여자와도 섹스가 가능한 것이 아니라, 이상형의 여자이거나 예쁜 여자라면 처음 본 사이라 할지라도 섹스가 가능하다는 말이 더 정확할 것이다.

흔히 남자들이 말하는 "처음 보는 여자가 제일 예쁘다."라는 논리에는 '자신의 기준에서 예쁨'이 반드시 전제되어 있어야 한다. 그런 것이 전제되지 않고는 사랑이나 불륜조차도 이루어지지 않게 되는 것이다.

세 번째, 남자는 섹스를 하고 난 후 태도가 변한다?

이것은 상대가 어떤 여자인가에 따라서 다르다고 할 수 있다. 섹스를 하면서 자신이 생각했던 것보다 만족스럽지 못하거나 처음부터 원나잇을 목적으로 만났다면 태도는 달라질 것이다. 그러나 섹스 후에도 지속적으로 사랑을 이어 갈 만큼 사랑하거나 가치가 있다면 섹스 후에 더 큰 사랑을 줄 것이다.

그리고 썸을 지나 연애의 단계로 진입하고 섹스 후 남자의 태도가 변했다면, 여자에게서 충분히 섹슈얼한 만족을 얻지 못했다는 증거이기도 할 것이다. 물론 여자는 섹스에서 충분히 만족하지 못했다 할지라도 그 남자의 다른 매력과 그동안의 친밀감과 편안함, 신뢰 등으로 커버가 되지만, 최소한 남자가 섹스에서 느끼는 실망감은 여자가 느끼는 실망감보다 훨씬 더 크다는 것이다.

이 말인즉 남자가 여자보다 연인 관계에서 섹스에 더 큰 비중을 가지고 만난다는 것이다.

네 번째, 섹스를 하면서 여자를 배려하지 않는 듯한 남자?

여자의 마음을 전혀 배려하지 않고 질 안에 사정을 하려고 하는 남자친구의 행동에 화가 나거나 이해심이 없다고 생각하는 여자도 있다. 물론 서로 간에 합의 없이 여자가 원하지 않는데 그렇게 하는 것은 남자가 이기적이고 생각이 짧은 것은 사실이다.

그러나 남자의 기본적인 본능을 생물학적 · 진화심리학적으로 봤을 때, 질 안에 사정을 해야만 완전히 정복했다는 성취감을 느끼고 섹스의 완성이라고 느끼는 부분이 크다. 물론 여자 입장에서도 질 안에서 사정하는 것이 더 큰 기쁨이 있을 수도 있을 것이다.

다섯 번째, 섹스에서 늘 새로운 모습을 원한다?

섹스 관련 서적을 본다면, 늘 남자가 질리지 않게 다양한 모습으로 여자를 만족시켜 주어야 한다고 이야기한다. 또 여자를 위한 연애지침서를 보게 된다면, 남자를 늘 만족시키기 위해 여러 모습을 보여 주어야 한다고 이야기한다. 이에 더불어 남녀가 서로 만족하기 위한 많은 스타일의 기술들이 존재한다.

결론만 말하면, 서로가 만족하게끔 다양하고 새로운 모습을 보이는 것은 좋은 일이다. 사람들은 누구나 저마다의 성적 판타지가 있기 때문이다. 남녀 모두 특정 자세나 기술 등을 중요하게 생각하거나 좋아하지만, 이런 것들이 있다고 해서 연인이 사랑에 만족할 수 있을까?

섹스를 통해 남자가 얻고 싶어 하는 가장 기본적인 것만 기억하고 핵심만 알자. 그럼 이 모든 것들은 다 비주류이고 부수적인 것임을 알 것이다. 남자가 섹스에서 여자에게 얻고 싶어 하는 핵심만 알아보기로 하자. 수년을 사귀고 오랫동안 연인이 이어지더라도 이것만 알고 기억한다면, 남자가 오랫동안 만족하고 행복감을 얻을 수 있을 것이다.

섹스는 그녀의 비밀을 정복하는 것이다. 기간이 중요한 것이 아니라, 오래된 사이라 할지라도 늘 섹스에서만큼은 내숭이 중요하다. 언제든지 얻을 수 있는 것이라면 더 이상의 희소 가치는 없어질 수도 있기 때문이다.

이것도 힘들거나 어떤 느낌인지 잘 모르겠다면, 이것만 기억하라. 옷이나 속옷을 벗을 때는 꼭 뒤돌아서 벗는 신비감이라도 주자.

사랑은 변해도
사람은 변하지 않는다

서로를 처음 알게 되고 호감을 느끼고 썸을 타게 될 때는 사실 모든 것이 멋있어 보이고 사랑스러워 보인다. 그러나 시간이 흘러 서로의 폭발적인 감정이 점점 식으면서 그 빈 공간이 신뢰와 편안함으로 채워지면 그때부터 서서히 서로의 단점도 보이게 되고, 어느 순간 자신과 여러 가지 안 맞는 많은 부분을 하나하나 발견하게 될 것이다.

그렇다면 이 과정을 넘기지 못하고 헤어져야 할까? 여기서 앞으로 더 나아갈지, 아니면 헤어질지가 거의 결정된다.

오랜 연애 생활을 거치다 보면 서로를 정말 신뢰하며 사랑하는 사이가 될 것이다. 사실 진화심리학이니 인류학이니를 떠나서 남녀가 동거나 결혼을 하게 되는 가장 큰 이유는 바로 늘 지금처럼 함께하고 싶어서이다.

원시시대에는 사냥을 잘하는 사위를 맞이하면 정말 듬직하게 여겼고, 경쟁 부족의 딸을 아내로 맞이하면 평화를 유지 할 수 있었다. 고대나 중세, 근세까지도 왕족은 순수혈통을 지키기 위해 근친혼을 하고 귀족들은 영토와 신분을 유지하기 위해 정략결혼을 하기도 했다.

그러나 이런 논리는 파생된 것이고, 동거나 결혼으로 이어지는 가장 큰 기본 원리는 남녀가 서로 사랑해서 같이 있고 싶기 때문이다. 그와 헤어지기 싫어서 점점 같이 있고 싶어지고, 늘 함께하고 싶은 둘의 바람이 동거나 결혼 등 한 살림으로 이어지기도 한다.

그러나 늘 말하는 것이지만, 동거할 때는 사랑의 끝이라고 생각하지 않는데 결혼은 사랑의 끝이라고 생각한다는 것이다. 사실 이런 말을 하게 된다면 '정말 끝없는 경쟁사회에서 사랑마저도 기나긴 여정이구나.'라고 한숨지을 수도 있는데, 달콤한 말만 하는 것보다는 오히려 오랫동안 사랑을 잘 이어 가는 것이 더 좋지 않을까?

그러기 위해서는 끝없이 연구하는 정도는 아닐지라도 최소한 알아야 할 것은 알고 있으면 도움이 많이 된다. 결혼 후에 연애 시절과 같은 변하지 않는 사랑 그리고 변하지 않는 로맨스의 해피엔딩은 없다는 것이다.

결혼 후에는 정말 상상하지 못하는 일들이 벌어지고 스트레스가 극에 달하게 된다. 경제적인 문제가 전부가 아니라 식습관, 빨래, 청소, 고부갈등 그리고 출산과 육아는 그 어떤 일보다는 힘든 일이 될 것이다.

안 그래도 불만이 많이 쌓여 있는 상태에서 이제 삶의 제2장으로 서로가 처음 들어서는 것인데, 많은 일들을 함께 겪다 보면 정도 쌓이지만 불만도 쌓이게 되어 있다. 그러다 보면 오랜 시간이 흘러 사랑이 마치 변질된 것처럼 느껴지고 무엇인가 잘못된 것 같고 남자가 변한 것 같은 생각이 들게 마련이다.

그러나 앞에서도 말했듯이 상대방을 변화시키려고 한다면 너무나도 큰 에너지가 소비되고, 사람은 결코 변하지 않는다는 것을 알아야 한다. 물론 굉장히 큰 문제를 일으키는 버릇은 반드시 고쳐야 하겠지만, 가정적으로 보거나 경제적으로 보았을 때 전혀 문제가 없는 그의 취향이나 습관이라면 인정해 줄 수도 있어야 한다. 그래야 서로가 평화롭고 행복해질 수 있으며, 그보다 더 중요한 것은 당신이 편안하다는 것이다.

물론 자신의 입맛대로 남자를 모두 고치려고 하는 여자는 많지 않겠지만, 연애하는 동안 충분히 서로를 이해하고 서로를 인정해 나가는 과정을 충분히 거치지 않는다면 동거나 결혼 후에는 반드시 그것이 폭발하게 되어 있다.

행복한 연애를 위해서는 서로를 잘 알아 가고 인정해 주고 타협하는 과정이 필수적이다. 이 과정을 충분히 거치고 동거나 결혼으로 가게 된다면, 다른 커플들보다는 매우 안정적으로 사랑을 이어 나갈 수 있을 것이다.

영원한 사랑을 지키기 위한 '불멸의 공식'

뜨거운 연애, 드라마 같은 사랑을 완성하고 해피엔딩의 마지막인 결혼에 골인하고 나면, 이제는 알콩달콩 평생 잘 살 것이라고 생각한다. 왜냐하면 대부분의 동화가 그렇게 끝을 맺기 때문이다. 물론 서로를 존중하고 진정으로 사랑한다면 대부분의 커플들은 잘 살아가려고 노력하겠지만, 의외로 사소한 것에 서운하고 화가 나고 다툼이 생길 수도 있다.

동거나 결혼은 현실이니 뭐니 하여도, 사실 수백 명의 커플들을 보아 왔지만 서로를 진정 사랑하고 영리한 커플들은 대부분 잘 살고 있었고 정말 막장이었던 커플은 극소수에 불과했다. 극적인 반전을 주기 위해 '막장'이라는 표현은 쓰지 않는 것은 책이나 드라마에서처럼 독자나 시청자들의 과장된 관심을 받기 위해 포장하지 않고 솔직하게 말하고 싶었기 때문이다.

동거나 결혼이 아무리 현실이라고 말들 하여도 진정한 사랑 없이 조건만 보고 결혼하는 사람은 거의 없으며, 그렇게 한다고 한들 대부분의 끝은 매우 좋지 않았다. 또한 남자뿐만 아니라 여자라 할지라도 사랑이 기반 되지 않은 결혼은 절대 행복해질 수 없다.

연애 시절에 깨가 쏟아지고 정말 서로를 사랑하여도, 결혼하면 서로를 알아 가는 과정에서 정말 많은 다툼이 기다리고 있다는 것을 알아야 한다. 큰 부분에서 의견이 충돌하는 것이 아니라 사소한 생활 습관, 빨래, 청소하는 방식부터 설거지하는 요령, 요리하는 재료 등 일상생활에서 가장 많이 필요로 하고 사용하는 부분에서 대부분의 의견 충돌이 일어나게 된다.

이는 사실 한쪽이 특별하거나 잘못된 것이 결코 아니다. 20년, 30년을 다른 가정환경에서 살아오다가 갑자기 같이 살게 되니 서로를 잘 몰랐던 것이고 알아 가게 되는 과정일 뿐인데, 대부분의 사람들은 이를 오해하고 기 싸움이라고 하거나 초반에 제압해야 한다고 하거나 그 누군가의 잘못으로 매도하는 등의 조언과 분위기를 형성한다.

연애 시절에 남자가 주는 사랑이나 배려는 점점 없어지는 것 같고, 왠지 여자에게 모든 상황이 다 전가되고 책임져야 할 무게로 다가오면서 분노하게 되기도 한다.

'왜 이렇게 안 해 주는 것이지?', '왜 이렇게 배려해 주지 않는 것이지?'라고 혼자 되뇌던 불만이 쌓이고 쌓여 결국은 터트리게 되는데, 이때 남자의 반응은 그동안 쌓아 왔던 여자의 감정과는 사뭇 다르다.

매우 황당해하면서 '내가 무엇을 잘못했지?'라는 표정과 태도에, 여자는 한 번 더 당황하거나 분노하게 된다. 그래서 대부분의 여자들은 '결혼 후에 이 남자가 변했어!', '이제는 완전히 태도가 바뀌었어.', '역시 결혼하면 여자가 손해야.'라는 생각을 하곤 한다.

　물론 남자가 변했을 수도 있다. 동거를 하거나 결혼을 하게 되면, 멋진 모습만 보여 주어야 되는 연인 사이에서 매일 집에서 같이 보게 되는 사이가 되니 당연히 그간 보지 못했던 모습을 보게 되고, 또 더 이상 연인이 아니라 가족으로서의 모습을 처음 보게 되면서 새로운 모습들이 계속 드러나는 것이니 말이다.

　이 상황에서 내릴 수 있는 최고의 방법과 결론은 언제나 늘 하나라고 필자는 조언한다. 남자에게 일일이 다 말하고 표현하는 것이다. 서운함이나 화가 나는 것을 표현하라는 것이 아니라, '이것은 이렇게 하고 저것은 저렇게 하고, 그리고 이거는 왜 이렇게 했냐?' 이유를 물어보고 생각을 들어 보고 서로 대화를 하게 된다면, 더 이상 아무 일도 아닌 것이 된다는 것이다.

　물론 여자에게서 어떤 부분은 말하지 않아도 알아주어야 할 것들이 당연히 있다. 결혼 기념일, 생일, 처가댁이나 시댁 생일 등 말하지 않아도 알아 두어야 할 것이 있을 것이다. 이렇게 결정적으로 중요한 사안이 아니라면, 표현을 하는 것이 좋다는 것이다.

　서로 퇴근 후에 아내가 요리를 하고 남자가 설거지를 하기로 했는데, 설거지를 대충 해서 늘 여자가 다시 하게 된다면 그것을 혼자 쌓아 두거나 잔소리처럼 하지 말고 남자를 불러서 설거지를 하는 방법을 가르쳐 주고 여자 역시나 너무 힘들다는 것을 표현해야 한다는 것이다.

이런 것이 즉각적으로 이루어지지 않는다면, 아마도 점점 당연시되거나 여자 혼자 모든 것을 참아야 하는 일이 생기게 되기 때문이다.

서로 합의가 되어야 하는 사안이라면 이렇게 즉석에서 대화를 통해 풀어 나가는 것이 중요하지만, 개인적인 생활에서 있어서 모든 것을 한쪽에게 맞추려 한다면 끝없이 대립하게 될 것이다.

여자에게 모든 것을 다 맞추어 주는 남자는 없다. 남자에게 모든 것을 다 맞추어 준다면, 결국 우리 어머니 세대처럼 한평생 희생하고도 초라해질 것이다. 그래서 서로의 생활을 존중해 주고 어느 정도는 풀어 주는 것이 중요하다.

전업주부라면 남자에게 모든 것을 의존하고 기대한다면, 즉 남편이 친구이자 애인이자 아빠이기를 바라게 된다면 남자는 더욱더 무거운 책임감을 느끼게 될 것이다. 모두는 아니지만 많은 부분에 있어서 이런 이유 때문에 많은 남자들이 퇴근 후에도 오히려 집에 들어가지 않고 회식을 종용하거나 모임을 가지곤 한다.

늘 아내가 "언제 들어와? 왜 안 들어와?" 묻는다면 남자는 갑자기 질리거나 중압감에 더욱더 귀가 시간이 늦추고 싶을 것이다. 그래서 모든 관심을 남편에게 쏟기보다는 조금은 관심을 다른 곳으로 돌려 일을 계속하거나 친구를 만나거나 취미 활동을 하는 것도 좋다.

물론 출산 육아라는 거대한 사건이 생긴다면 쉽지는 않다. 출산, 육아에서만큼은 남편이 절대적으로 헌신하고 도와주어야 하겠지만, 그 밖에 상황이라면 최대한 남편에 대한 관심을 조금은 덜 가지고 다른 취미나 활동, 직장 등에 쏟는 것도 좋을 것이다.

남자는 돈 버는 기계,
여자는 독박육아 공식 벗어나기

현대 사회의 남자는 이렇게 이야기한다. "결혼하면 모든 것을 다 포기하고 돈 버는 기계로 전락하게 되고 혼자서 가장이 되어 가정을 책임지는 것은 너무 무거운 짐입니다." 자신의 부모세대가 그러했듯이 아버지처럼 살아갈 자신이 없거나 부모세대에게 실망하거나 하게 된다면 더욱더 사랑이나 결혼에 대한 회의감이 든다.

요즘은 혼자서 모든 것을 해결할 수 있는 소비문화가 정착하고 상품가치와 전체인구 대비 비율이 높아지면서 언론과 대기업까지 1인 가구를 대상으로 시장점유율을 높이기 위해 마케팅을 하고 있다. 남자들이 결혼하기 위해 집을 장만하고 그 과정에서 높은 진입장벽을 느끼게 되고 결국은 부모님에게 도움을 받아야 하는 일련의 과정을 거치게 되면서 도대체 결혼에는 왜 남녀평등이 적용되지 않느냐 하는 하소연을 하게 된다.

그런데 여자들도 자신들이 피해자라면서 비슷한 이유로 결혼을 늦추거나 하지 않는 경향을 보이고 있다. 회사의 여 선배들이 결혼을 앞두고 또는 결혼 후에 겪게 되는 수많은 불이익과, 공정한 경쟁조차도 할 수 없게 되는 임신, 출산, 육아 그리고 친 외가 등의 관계에서 말이다. 미혼 여자는 바지에 운동화를 신고 혼자 열심히 달리기만 하면 되는데 기혼 여자는 치마에 구두를 신고 등에는 아이들을 업고 남편이나 친 외가의 부모님과 전화통화를 하면서 달리기를 해야 하는 상황에 비유하는 것이다.

결국은 사회에서 공정하게 경쟁하도록 환경을 조성해 주어도 미혼 여자에게 밀려나게 되고 설자리가 점점 없게 된다. 기혼 여자라서 무작정 차별을 받는 것이 아니라 남자는 고사하고 같은 여자끼리 공정하게 경쟁하게 되어도 미혼 여자에게 밀리게 되어 있다는 것이다.

남녀 모두 본인이 원해서 결혼을 했지만 포기해야 하는 것들이 하나둘씩 늘어나게 되어 있고 그 과정에서 남녀의 불만도 쌓이게 된다. 그 시련과 불만은 그 둘만이 해결할 수 있고 함께 헤쳐나가야 함에도 남녀는 그 불만과 원망을 서로에게 돌리게 되니 정말 가슴 아픈 일이기도 하다.

사실상 결혼 후의 남녀문제는 연애의 기술로 해결하는 것은 한계가 있다. 아무리 이성의 마음을 잘 이해한다고 한들 정서적 심리적인 요소는 결국 물리적인 요소를 뛰어넘을 수 없다. 현실을 외면할 수는 없다.

앞에서 설명했듯이 사랑하는 사람을 만나 결혼하는 것은 지극히 당연한 일이고 임신, 출산, 육아는 신이 인간에게 주신 의무이자 선물이다. 단지 결혼은 준비가 되었을 때 하는 것이다.

물론 이것이 이론처럼 쉽겠느냐마는, 남녀 모두 정신적 경제적으로 더 성장하고 충분한 준비가 되었을 때 하는 것이 정답이라는 말이 해답이다. 정신적으로는 최소한 부모의 역할과 육아, 자녀 교육에 대한 공부를 하거나 교육을 받아야 한다. 좋은 배우자, 그리고 좋은 부모가 되기 위한 교육조차 받지 않고 결혼하게 된다면 이 또한 서로에게 큰 시련과 어려움이 오게 된다.

좋은 배우자가 되기 위해, 좋은 부모가 되기 위해 요즘은 교육하고 강의하는 곳이 많으니 최소한 알고 결혼한다면 남자는 돈 버는 기계가 되어도, 여자는 독박육아를 하는 사람이 되어도 그 모든 오해와 원망, 분노, 역경을 최소화하면서 처음 만나 사랑해서 결혼하게 된 소중한 결과물을 지킬 수 있는 초석이 된다.

연애도 이렇게 읽고 배우고 학습해야 하듯이 좋은 이성친구가 아닌 좋은 배우자와 좋은 부모가 되기 위해 결혼 전 반드시 공부하고 교육받고 배워야 한다.

맺음말

오랫동안 연애와 사랑, 남녀심리에 정진하면서 깨달은 것은 오직 자기계발만이 궁극의 기술이며 그 노력은 보통의 의지로는 불가능하다는 것이다. 반드시 자기계발에 정진하여 나 자신의 이성적 가치를 높이겠다는 간절한 마음만이 자신을 변화시킬 수 있고 그 작은 변화가 쌓이면 인생이 달라진다.

한국의 미디어와 서적은 연애에 대해서 대단히 큰 오류를 가지고 있다. 대부분의 미디어와 서적은 연애 중인 남녀관계나 데이드 기술에 중점을 두고 있다. 가장 중요한 유혹의 기술은 외면한 채 말이다.

유혹의 기술은 연애의 기술보다 더 정교하고 고급화된 분야이며 남자가 여자를 유혹하는 것보다 여자가 남자를 유혹하는 것이 한국 사회에서는 더 힘든 면이 있다.

그럼에도 미디어와 서적에서는 연애나 결혼생활에서나 남자를 이해하고 남자의 말을 잘 들어주면 된다는 궤변을 늘어놓고, 여성들은 그 미디어와 서적을 읽고 또는 아주 극소수의 연애경험과 몇몇 편향된 주변 남녀관계만을 보아온 자칭 전문가라고 떠들어대는 사람들의 말에 의지하게 된다.

영어 수학은 세계 1등의 지식을 가졌으나 이성관계에 있어서는 세계 꼴찌의 지식을 가진 한국의 남녀들이 앞선 세대에게서부터 잘못 배우고 삐뚤어진 남녀심리에 대해 더 심각한 오류를 범하는 것이 심히 우려스러워 이 책을 출간하게 되었다.

남녀가 어떻게 다르고 남자의 이성적 심리와 본능 생존, 여자의 이성적 심리와 본능 생존 등이 어떻게 다르고 동일한 상황과 환경에서도 다른 반응과 출력이 나오는지 조금은 더 잘 알게 되었을 것이다.

마지막으로 해 주고 싶은 말은 책에서 강조했듯이 제발 실패한 선후배들(교훈은 얻을 수 있다)이나 연애 못 하는 지인들에게 친하다는 이유로 연애 조언을 구하지 말고, 주위에 진정 전문가가 없다면 최소한이라도 더 성공한 선후배나 지인의 조언을 듣고 판단하길 바란다.

착하고 아름답고 고귀한 한국의 여성들이 이 책을 읽고 잘못된 선배들과 자칭 전문가들의 말에 극단으로 치닫고만 있는 남녀 성 대결에서 벗어나 서로를 이해하고 공감하는 데 조금이나마 보탬이 되었으면 한다.

더 이상 글을 쓰지 않기로 했지만 큰 수술을 두 번 받으면서 생각이 달라졌다. 더는 무엇인가를 할 의지도 능력도 없을 때 잠깐이나마 나에게 '이것이 진정한 여자다.'라고 가르쳐 주고 오랜 세월 죽었던 심장을 다시 뛰게 해 주신 김민정, 김지언님께 정말 감사드립니다.

참고문헌

- 『2030대 소개팅 후 연락 대화주제 성공법』
- 『헤어진 남자친구 잡는 법 이별 후 재회심리』
- 『말 잘하는법 스피치 인간관계 대화의 기술』